那些
被神遺忘的
神祕寶藏

益智館 29

那些被神遺忘的神祕寶藏

編著　吳柏勳
責任編輯　陳文政
內文排版　王國卿
封面設計　林鈺恆

出版者　培育文化事業有限公司
信箱　yungjiuh@ms45.hinet.net
地址　新北市汐止區大同路3段194號9樓之1
電話　（02）8647-3663
傳真　（02）8674-3660
劃撥帳號　18669219
CVS代理　美璟文化有限公司
TEL／(02)27239968
FAX／(02)27239668

總經銷：永續圖書有限公司

永續圖書線上購物網
www.foreverbooks.com.tw

法律顧問　方圓法律事務所　涂成樞律師
出版日期　2019年03月

國家圖書館出版品預行編目資料

那些被神遺忘的神祕寶藏 / 吳柏勳編著.
-- 初版. -- 新北市：培育文化，民108.03
　　面；　公分. -- (益智館；29)
　　ISBN 978-986-97393-0-6 (平裝)
　1.世界地理
716　　　　　　　　　　　　108000088

序言

　　寶藏不會說話，時間也不會倒流，我們永遠無法回到過去瞭解歷史。在歷史的長河中，有著太多的謎團，遺留著許多不可思議的寶藏祕密。

　　專家們斷言，世界上有1/6的寶藏被埋在地下，有1/8的寶藏沉沒在海底。在海水下面埋藏著連阿里巴巴在夢裡也未曾見過的財寶。

　　在世界各地，每天都有人做著冒險的嘗試。他們穿過森林走進沙漠，越過險灘潛入海底，鑽進洞穴爬上懸崖，他們要找到這些遺失的寶藏，成為它們的主人。

　　17艘滿載金銀財寶的西班牙船隊離開了哈瓦那，向西班牙領海駛去，這就是西班牙歷史上著名的「黃金船隊」。

　　這艘運送幾百億法郎的船隊要穿過大西洋，就必須

經過英荷艦隊經常出沒的海域，這是要冒很大風險的。但是由於西班牙財政窘困，國王菲利普五世命令西班牙殖民當局把上繳的金銀財寶火速送往塞維利亞。

這艘黃金船隊能平安的到達目的地嗎？

「阿波丸」號裝載800多噸物資，從日本門司起航，途經台灣、香港、西貢、新加坡，到達印度尼西亞雅加達港口。駛向東南亞，並從東南亞帶回2000名乘客。同時，它還祕密的裝運了300噸橡膠、3000噸錫錠、2000噸鋼鐵、還有40噸黃金、12噸白銀、50箱工業鑽石、50箱珍珠瑪瑙和貨幣，總數達50億美元。

「阿波丸」號駛入台灣海峽，在值班巡邏的美國「皇后魚」號潛艇發現了「阿波丸」號。經過測定，行駛目標航速達18海里，拉福林認為一般非軍事船隻沒有如此快的航速，他們斷定這是一艘日本的驅逐艦。艇長拉福林命令緊緊跟蹤這個目標。

「阿波丸」號船長發現「皇后魚」號已逼進，但是他並沒有在意，照樣快速前進。「皇后魚」號發出「停船檢查」的信號，「阿波丸」號船長置之不理。拉福林艇長立即下令「魚雷攻擊」，四隻魚雷擊中「阿波丸」號，船斷為兩截，慢慢地沉入海底。

「阿波丸」號上裝載著什麼？為什麼「阿波丸」號對「皇后魚」號發出的受檢信號置之不理？難道阿波丸上隱藏著什麼驚世的祕密？

　　從14世紀以來，英國西南海岸的海峽和水域一直是海盜們的最佳狩獵區。從北海和波羅的海駛出的商船必須通過這個「針眼」才能前往歐洲南部和西部。對於那些向相反方向航行的船隻，如來自地中海沿岸的航船，要安全通過這一區域也絕非易事。它們常常會受到海盜的攻擊。

　　18世紀初的「聯合」號就被誤導到環形珊瑚島裡，觸礁遇難，留下一批至今無法找到的巨大財富。

　　九月正是海上颶風的高峰季節，可是一支運輸船隊卻從古巴的哈瓦那港出發了，艦隊上裝載著新大陸的金銀財寶和農產品，都是西班牙緊缺的物資。

　　這支艦隊由28艘船組成，其中有一艘帆船上裝滿財寶，它就是「聖瑪格麗特」號，在它的艙單上標明：裝有19塊銀錠，11.38萬枚銀幣，還有34根金條和一些金盤，共計1488盎司，以及銀器、銅錠、菸草。船上14名旅客都帶有各自的珠寶，同時船上還藏有大量的走私黃金和白銀。它簡直是一座浮動的寶庫。

　　「聖瑪格麗特」號能安全抵達目的地嗎？在前面的海域上會不會有出現颶風？

　　海盜拉比斯脖子上套著絞索，被押上了斷頭台。劊子手正準備施行絞刑時，突然拉比斯從懷裡掏出一卷羊皮紙，扔向四周圍觀的人群，大聲說：「我的寶藏屬於那些能真正讀懂它的人！」

　　人們打開拉比斯遺留下來的羊皮紙，上面畫著17排莫名其妙的圖案，這些圖案代表若干密碼，誰能破解出這些密碼的內容，誰就能夠找到藏寶地點。

　　拉比斯藏寶圖上的第十二排圖案，究竟代表著什麼？狡猾的拉比斯究竟把寶藏藏在什麼地方了，二百多年過去了，人們還在破解他的密碼，尋找他的寶藏。

　　20世紀30年代，有兩名美國人理查德・哈利巴頓和摩埃・斯蒂文森來到暗道尋找「黃金約櫃」和「所羅門寶藏」。他們在「約亞暗道」裡一處土質不同的地方發現了一條祕密地道，地道裡有被沙土掩埋著的階梯。兩人想用隨身帶著的鐵鍬把沙土挖開，但是，階梯上的流沙卻越挖越多，地道口幾乎都被堵住了。他們慌忙逃出地道。第二天，他們發現，地道的入口又被流沙蓋上了。

沒過多久，理查德・哈利巴頓乘小船在太平洋遭遇風暴身亡，從此，再也沒人知道那條神祕暗道的具體位置。直到今天，「所羅門寶藏」和「黃金約櫃」究竟在什麼地方？仍然是一個難解之謎。

　　人們傳說「維達」號載有5噸重的銀幣與金條。一些歷史學家估計這批寶藏價值上億美元。克利福德在發現船身前，已經找回大量金條和2000多枚鑄幣。大部分鑄幣是西班牙銀幣，也有些是西班牙金幣。

　　看起來，其中多數金幣是在墨西哥鑄造的，還有一些來自祕魯。專家推測，如果真的來自祕魯，那將具有特別的價值，因為這些金幣很可能是用印加金製品重熔鑄造而成的，被黑薩姆截獲時，正在運返西班牙的途中。

　　克利福德探險隊的發現，不僅僅是價值連城的寶藏，這些沉寂百年的鑄幣、器具同樣是藝術品，對歷史研究有著不可估量的價值。

　　這本書裡的每一篇寶藏故事，都具有濃重的神祕色彩，有「黃金船隊」沉船的海底寶藏之謎，有海盜拉比斯的祕密藏寶圖之謎，也有猶太人的聖物寶藏等寶藏故事。

　　這些聰明的藏寶人用盡心思把他們的財寶隱藏起來，製造出眾多的藏寶祕密，後人為了尋找這些寶藏，不惜付出生命的代價。

　　藏寶故事撲朔迷離，尋寶故事懸疑緊張，不管把這本書翻到任何一頁，都會讀到一段離奇的寶藏故事。

PART 1 海底寶藏之謎

那些
被神遺忘的
神祕寶藏

PART **2** *海盜寶藏之謎*

PART 3 聖神寶藏之謎

Part 1

海底寶藏之謎

01 「黃金船隊」沉船寶藏

十七艘滿載金銀財寶的西班牙船隊離開了哈瓦那，向西班牙領海駛去，這就是西班牙歷史上著名的「黃金船隊」。

這支運送幾百億法郎的船隊要穿過大西洋，就必須經過英荷艦隊經常出沒的海域，這是要冒很大風險的。但是由於西班牙財政窘困，國王菲利普五世命令西班牙殖民當局把上繳的金銀財寶火速送往塞維利亞。

這支黃金船隊能平安的到達目的嗎？

「黃金船隊」小心翼翼的到達了亞速爾群島海域，前面不遠處就是西班牙領海，但是到西班牙領海的這段

海域，卻是極其危險的。

　　一天，「黃金船隊」正平穩地向前行駛，突然一支由一百五十艘戰艦組成的英荷聯合艦隊出現在海面上。面對著如此強大的艦隊，船員們陣腳大亂，船隊總司令貝拉斯科鎮靜地指揮船隊開進大西洋沿岸的維哥灣，一邊死守住港口，一邊想辦法將珍寶從陸地運往馬德里。

　　當時的西班牙有一條奇怪的規定：凡是從南美運來的物品必須先到塞維利亞市驗收。最後只好先把給國王和皇后的財寶從船上卸下來，改從陸地運往馬德里。

　　不幸的是這部分財寶，有一部分在途中被強盜搶走。這部分約一千五百輛馬車的黃金，據說至今仍被埋藏在西班牙龐特維德拉山區的一個不為人知的地方。

　　「黃金船隊」在維哥灣平靜地待了一個多月，英荷聯合艦上的士兵沒有對船隊採取任何行動。一天，英荷聯合艦隊卻突然對維哥灣發起了進攻。強大的英荷士兵，很快就消滅了港灣沿岸的守軍，摧毀了炮台和障礙欄。沒用上幾小時，西班牙軍隊就全線崩潰。

　　船隊總司令貝拉斯科徹底絕望了，為了不讓財寶落入敵人手裡，他下令全部燒燬運載珍寶的船隻。火點起來了，被焚燒的船和其他被擊中的戰艦把維哥灣燒成一

片火海。西班牙士兵默默注視著這些歷經艱辛從南美運回來的奇珍異寶，在火海中慢慢消失，沉入深不可測的海水之中。

英荷聯軍竭盡全力撲滅大火，搶救船上的財寶，但是大部分船隻都已葬身大海。第三天早上，英國潛水員潛入海底，撈出一部分戰利品。由於當時沒有先進的打撈技術，西班牙地面突擊隊炮火還不停地攻擊，英荷聯軍不得不放棄打撈工作。

據被俘虜的西班牙海軍上將估計，有4000～5000輛馬車的黃金珠寶沉入海底。

英國人多次冒險潛入海底，只撈到很少的戰利品。深藏在海底的寶藏吸引著無數尋寶人。近三個世紀以來，一批又一批的尋寶者都在搜索著這筆豐厚的寶藏，有的空耗了力氣一無所獲，也有的幸運地撈出許多珍貴的綠寶石、紫水晶、珍珠、黑瑪瑙等珠寶翡翠。這些都是一些零星的寶物，更多的寶物還靜靜地躺在深深的海底。

這批寶藏在風浪海流的侵襲下，不僅蒙上了厚厚的泥沙，連位置也發生了改變。儘管現代化的潛水打撈技術不斷提高，但這批寶藏好像藏在一個謎局之中，讓人們無法找到。這些財寶究竟藏身於海底何處？何時這些財寶才能重見天日，展現於世人面前？

02 「皇家上尉」號 沉船寶藏

「皇家上尉」號是一艘英國商船，它從倫敦出發，漂洋過海，抵達中國廣東，在那裡，出售從英國帶來的布匹和其他貨物。然後再滿載中國的絲綢、瓷器和珠寶，返回倫敦。

這是「皇家上尉」號第一次下海航行，它小心謹慎的行駛在返回倫敦的海面上。一天凌晨，船員和乘客被一聲刺耳的撞擊聲驚醒，船撞到了淺灘暗礁，擱淺了。奇怪的是，地圖上根本沒有這個淺灘。

幾名船員乘坐救生艇，圍繞船身仔細查看。他們發現船的後部和右舷離深水區很接近。船員們反覆地起

錨、拋錨，試圖將船拖出淺灘。可是，他們一次次的努力都徒勞無功。上午十點左右，大海開始漲潮，這是一個絕好的機會。

借助上漲的潮水，船員們將船駛出淺灘。可是，輪船還沒等船駛進深水區，船又一次擱淺了。下午一點半，船第二次擺脫困境的努力又失敗了。

到了傍晚，「皇家上尉」號的船艙已經大量積水，船長下令棄船逃生。大部分乘客和船員在船長的指揮下，安全地登上「皇家上尉」號上配備的三艘救生艇。等到人們再次返回，搶救「皇家上尉」號上的貨物，可是這艘商船早已沉入海底。

「皇家上尉」號擱淺的淺灘，為什麼在地圖上沒有標誌？滿載寶物的「皇家上尉」號靜靜地隱匿在海底某處，二百多年來，一直是個謎題，直到法國考古學家弗蘭克‧高地奧發現了它的殘骸，「皇家上尉」號的故事才又再一次的被提起。

03 「克洛斯維諾爾」號沉船寶藏

　　一艘三樓大帆船「克洛斯維諾爾」號離開斯里蘭卡港，航行在印度洋海面上。船上運載著金剛石、紅寶石、藍寶石和翡翠共19箱，價值51.7萬英鎊；價值42萬英鎊的金錠，71.7萬英鎊的金幣，1450錠白銀，還有150名乘客。

　　「克洛斯維諾爾」號像座浮動的金山行駛在海面上，當它航行到非洲東南角沿海時，一陣強勁的風暴把船吹向海岸。帆船猛然的向懸崖峭壁衝去。船長採取了能想到的所有應急措施，但是仍然無濟於事，船被撞得粉身碎骨。船上134人倉皇跳入大海，掙扎著上了岸。

很快，這艘千瘡百孔的帆船，帶著巨額財寶和剩餘的人葬身海底。遇難地點距好望角約507海里。

二百多年以來，渴望得到「克洛斯維諾爾」號沉船上巨額財寶的人，始終沒有停止過他們的海上探寶活動。

船上的巨額財寶，吸引著一批又一批的探寶者前往尋覓。但是因找不到沉船的確切位置，人們首次對「克洛斯維諾爾」號的打撈，以失敗告終。

這次打撈沉船的失敗，並沒有讓人們絕望，很快又有一位船長，組織了一支打撈隊，在沉船海域尋找了十個月，最終發現了沉船殘骸，打撈隊員踏上了沉船甲板，可惜沒有掀起沉重的貨艙蓋。他們向英國皇家海軍求助，但是由於當時潛水技術落後，皇家海軍也無能為力。過了不久，沉船又被泥沙掩埋了。

任何困難都不能阻止人們對財富的渴望，一些水下探寶者組成「克洛斯維諾爾」號打撈公司，僱用了一批打撈人員前去勘察，用鑽機取樣法找到了沉船。在鑽取的泥芯中有250個古錢幣，並從船上層甲板上取下了30門大炮，總算是有了不小的收穫。但埋藏在深處的財寶，由於人不能長期潛入水下作業，因而無法找到。

雖然這次打撈有了不小的收穫，但是並沒有打撈到

特別有價值的財物，於是，很快又有人組織起一個「打撈公司」。發起人是一位陸上黃金採礦者，他十分熟悉礦井隧道開鑿方法，準備從岸邊開鑿隧道通往海底，再在船底打洞撈金。

花了三個月時間，經過艱苦的鑿岩作業，在40米深處開鑿了一條210米長的隧道，終點正好在沉船底下9米深處。當向上開鑿時，還未接觸船體，比較鬆軟的海底沉積層塌陷了，海水湧進了隧道。曾有一名勇敢的潛水員進洞，摸到了木質船底，但潛水員因無法在水下久留而無法撈金。巨額開支沒有得到補償，結果「打撈公司」被迫破產。

隨著時間的流逝，隧道也坍塌堵塞，漸漸消失了痕跡，最後沉船位置也無人知曉了。

二百多年過去了，人們尋找海底寶藏的夢並沒有破滅。隨著打撈技術的提高，一些人又燃起打撈沉船寶藏的慾望。「克洛斯維諾爾」號現在究竟在哪裡呢？它上面究竟有沒有如此巨大的財寶？這些財寶是否已有人偷偷地撈走了呢？

04 「聯合」號沉船寶藏

從14世紀以來，英國西南海岸的海峽和水域一直是海盜們的最佳狩獵區。從北海和波羅的海駛出的商船必須通過這個「針眼」才能前往歐洲南部和西部。對於那些向相反方向航行的船隻，如來自地中海沿岸的航船，要安全通過這一區域也絕非易事。它們常常會受到海盜的攻擊。

為了擺脫海盜對英國南部海港的控制，英國國王下令，除了英聯邦的船隻外，允許懸掛英聯邦旗幟的海盜船，搶劫所有經過海峽的其他國家的過往船隻。

這種特殊的規定在錫利群島一帶出現了奇怪現象：島上居民竟然利用環形珊瑚島，引誘其他國家的輪船觸

礁。為了達到目的，島民與海盜勾結，用燃起的火把或掛燈籠，誤導那些在風暴或黑夜中迷失方向的船隻偏離航道，達到劫掠船上的財物的目的。

18世紀初的「聯合」號就被誤導到環形珊瑚島裡，觸礁遇難，留下一批至今無法找到的巨大財富。

克勞迪斯雷·肖偉爾將軍正率領「聯合」號等軍艦組成的英國艦返航在英國的途中。肖偉爾將軍一向都很自信，但是那幾天他總是懷疑艦隊的航線是否正確。他一遍又一遍的在心裡問自己：「錫利群島在哪裡？」於是，這位將軍召開了全體軍官會議，經對各種數據反覆驗證之後，得出一個結論：目前艦隊的航線完全正確。錫利群島離暗礁還有很遠一段距離。

會議結束後，肖偉爾將軍正準備放心的睡個好覺，這時一名水手叫他馬上出來。這名水手認為現在整個艦隊不但偏離了航線，而且正朝著錫利群島附近那些大暗礁駛去。他勸告肖偉爾將軍，如果不馬上改變航線，他們將必死無疑！肖偉爾威脅他，如果他再胡說八道，就懲罰他。沒想到這個平時一向順從懦弱的水手不但沒有住嘴，反而更大聲地叫喊起來，兩個小時之後，肖偉爾以擾亂軍心的罪名把水手絞死在桅桿上。

　　水手雖然死了，但是他的話卻沒有從肖偉爾的耳邊消失，他焦躁不安的走出房間，來到甲板上，觀望天空，憑藉多年的航海經驗，將軍覺察出一場暴風雨即將來臨。

　　隨即，艦隊陷入狂風巨浪之中。「聯合」號隨時都有沉沒的危險。突然，一名大副驚喜地把望遠鏡遞給肖偉爾，說前面有燈光。

　　肖偉爾將軍拿起望遠鏡匆匆看了一眼，馬上命令帆船改變航向，駛向燈光。

　　於是，艦隊調整航向，全速向燈光信號駛去。當尖刀一般的礁石從洶湧的水面中突現出來，橫擋在他們前面時，大副和肖偉爾將軍發現艦隊正駛向巨大的災難，但是為時已晚。緊接著便是震耳欲聾的撞擊聲，船艙像細木頭一樣斷裂，甲板搖搖欲墜，水手們都摔倒在甲板上，船體內發出劈哩啪啦的斷裂聲。隨後，戰艦開始向右舷傾斜，海水頃刻間湧入「聯合」號船艙內部，幾分鐘之內，船頭和後甲板便被摧毀殆盡。

　　肖偉爾將軍在萬分驚恐之中看見自己的水手們被巨大的浪濤捲入水中，轉眼間消失在了大海深處。另外幾艘軍艦也轉眼就被捲入巨浪中的岩石或者暗礁之中。

　　那麼，是什麼導致肖偉爾將軍的艦隊遭遇滅頂之災呢？

　　原來，艦隊導航並沒有過錯，而是錫利群島附近的海盜們用錯誤的燈光信號誤導艦隊偏離了航線。艦隊被暗礁撞擊後，這艘英國艦隊所有成員共二千餘人全部葬身於大海之中。

　　風暴過後，海盜們坐著漁船從觸礁的殘骸帶回金幣、銀幣、木板、滑輪、鋼索、滑車組、索具、皮帶、手槍、彈藥和刀子等一切有價值的東西。而這支艦隊最大的一批財富，即艦隊的錢箱，在艦隊遇難之前就已經沉入了海底。

　　英國海軍潛水員使用現代技術，在基爾斯通礁石中央發現了「聯合」號。他們試圖找到「聯合」號的錢箱，卻空手而歸。

　　有個叫羅蘭・莫里斯的英國人，經過精心準備之後，和他的同伴們來到錫利群島尋找鐵箱，最後羅蘭・莫里斯和隊員們，在一個岩石裂縫裡找到了1400塊銀幣，還有一個上面印著克勞迪斯雷・肖偉爾爵士徽章的大銀盤。後來，又有許多英國潛水者組織繼續對「聯合」號殘骸運行探寶，從旗艦的船腹中找到近7000塊銀幣。

雖然這些打撈者都大有收穫，但是「聯合」號艦隊的錢箱卻始終沒有找到。「聯合」號都被打撈出來了，錢箱會到哪裡去了呢？怎麼會用現代的科學技術都無法找到它的藏身之處呢？難道它還躺在錫利群島水域的海底嗎？

05 「努埃斯特拉」號沉船寶藏

費布斯和他的手下真的找到了那只珠寶箱，經過三天的艱苦奮戰，才把它從殘骸中拖到了「詹姆斯和瑪麗」號的甲板上。費布斯和船員用自帶的斧頭小心翼翼地打開了珠寶箱。用他們自己的話說：「我們像天使，走進了《一千零一夜》中的童話世界，眼前看見的都是晶瑩的鑽石、珍珠、綠寶石和紅寶石，簡直像是在做夢。」

這不是電影片段，也不是費布斯對黃金的美好憧憬，而是事實，費布斯找到了17世紀中葉，沉入錫爾伯海域的「努埃斯特拉」號運寶帆船。

　　在當時，這是一起震驚世界的運寶船沉沒事件，從此還演繹出一系列曲折的故事。

　　17世紀，「努埃斯特拉」號是西班牙新建的一支船隊的旗艦。下海不久，被編入由總司令胡安·德坎波斯指揮的艦隊。在31艘艦船的護衛下，這艘西班牙運寶船開始向東航行。當「努埃斯特拉」號經過佛羅里達角和薩爾烏之間縱橫交錯的珊瑚暗礁水道時，遭遇到風暴，幾十艘船隻頃刻之間支離破碎，其中有的沉入海底，有的被捲入巨浪。「努埃斯特拉」號的桅桿被折斷，船帆也被撕破，它只能在海面上隨風飄蕩。

　　怒吼的海風和洶湧的巨浪把「努埃斯特拉」號推到了錫爾伯海域。珊瑚暗礁不停的撞擊「努埃斯特拉」號的船底，很快「努埃斯特拉」號就被捲入巨浪之中，船斷成兩截，大多數船員被拋入海底。有幾個船員跳到自製的木排上，漂流到露出海面的珊瑚礁石上，用木頭搭建了一個平台，在上面靠僅有的一點儲備艱難地忍耐了幾個星期。但是沒有救援的船隻經過，這些倖存者只好把小平台改造成一隻小船，試圖駛向伊斯帕尼奧拉島。可惜就在離島不遠處，小船被風浪捲入海底，僅有奧塔維奧一人倖存。據奧塔維奧後來透露說，當時，「努埃

斯特拉」號船上滿載著祕魯和墨西哥的金銀、哥倫比亞的寶石及委內瑞拉的珍珠。

「努埃斯特拉」號沉沒42年後，威廉‧費布斯前往錫爾伯海灘去搜尋它的殘骸，成為300年來世界尋寶史上最幸運的人。

費布斯是在一次去西印度群島的航行中，無意中聽到有關錫爾伯海域西班牙運寶船隊沉沒的故事，他立即決定去倫敦請求拜見英王查爾斯二世。英王對費布斯的計劃非常支持，並成為他的資助人。查爾斯二世把海軍的「阿爾及爾玫瑰」號快速驅逐艦租供給費布斯，在驅逐艦上配備了18門火炮。

費布斯一向謹言慎行，儘管英國國王是這次尋寶的資助人，他也想在祕密狀態下進行此次打撈沉船行動，費布斯率領手下悄悄地出發，為了防止太多人獲知他的這次祕密行動，費布斯的探寶船在錫爾伯海域途中從不作長時間停留。

費布斯想更多的瞭解「努埃斯特拉」號沉船地點和周邊情況，請來「努埃斯特拉」號唯一的倖存者奧塔維奧過來當嚮導。費布斯為了減少一個分財寶的人，等探寶船快要到錫爾伯海域時，他就把奧塔維奧打發走了。

　　然而，事實並非想像的那麼簡單。錫爾伯海域到處密佈著可怕的珊瑚暗礁，「努埃斯特拉」號殘骸周圍的境況比他預想的要複雜。海員們經過幾個星期的艱難搜尋，只發現了一塊長滿珊瑚的銀條。食物和飲用水一天天的減少，船員們開始抱怨，不想再繼續搜索下去，費布斯不得不中斷了這次海底尋寶。

　　在返回的途中，費布斯得知老嚮導奧塔維奧已經去世，他非常沮喪地繼續駛往英國，前面有更壞的消息等著他。英王查爾斯二世已經去世，英王繼任者不但對他的尋寶毫無興趣，還指責他勞民傷財，並把他關進了監獄。幸虧有位做大官的朋友幫助，費布斯才獲得自由。後來，透過宮廷重臣求請，英王允許費布斯繼續尋寶。但這次他不但沒有得到英國皇家的資助，還必須答應英王王室提出的條件：一旦尋寶成功，國王要求分得打撈財物總價值的十分之一。

　　費布斯做事從不氣餒，他又找到幾位贊助者，設法弄來兩艘帆船，重新組成探險隊，重返錫爾伯海域。

　　費布斯有著多年的經商經驗。這一次，他滿載著從各地籌集到的各式各樣的交換物品，駛向伊斯帕尼奧拉島，因為當年的島上居住著大批的海盜，費布斯帶來的

這些東西都是海盜們的急需品，他因此而大賺一筆。費布斯想，如果這次尋寶再失敗，就靠賣掉這些貨物獲得的利潤來彌補損失。他先使用障眼法，把自己的「詹姆斯和瑪麗」號拋錨在普拉塔港，自己扮作一個只想靠賣貨賺錢的商人，迷惑島上的海盜們。

而另一艘「倫敦之亨利」號則肩負著尋寶的祕密使命，在羅格斯船長的帶領下駛往錫爾伯海灘，去搜尋「努埃斯特拉」號的遺骸。幾個星期下來，羅格斯船長毫無所獲。最後，這位身心疲憊的船長準備第二天撤退。可是這天上午，他在卡布隆角附近的淺水中，突然看見一顆光彩奪目的海鰓珊瑚，它在淺淺的海底時隱時現。羅格斯船長想把這個美麗的珊瑚作為禮物送給費布斯，作為這次尋寶失敗的留念，於是他馬上叫一個潛水員下去採摘，潛水員下去後在珊瑚邊突然發現了幾門全身長滿珊瑚的火炮，潛水員急忙把這個發現告訴了羅格斯船長。船長又讓另外幾個潛水員下去勘察。終於，「努埃斯特拉」號在大片珊瑚的隱藏下露出神祕的船身！

原來，四十多年以來，「努埃斯特拉」號一直夾在岩層中間，船身又被珊瑚纏繞覆蓋著，靜躺沉睡在加勒比海海底。

　　隨後，潛水員們陸續從「努埃斯特拉」號殘骸中打撈出許多銀條和大量的西班牙貨幣。他們試圖找到「努埃斯特拉」號上那些價值連城的黃金、寶石和珍珠。就在準備再度下海打撈時，突然強風暴來臨，「倫敦之亨利」號撤回伊斯帕尼奧拉島，向費布斯匯報他們的成績。

　　費布斯得知這一消息，立即指揮兩艘艦船駛往錫爾伯海域，開始準備打撈工作。

　　打撈工作異常艱難，潛水員病倒仍然堅持著下海，他們打撈出大量的金條和銀條。費布斯關注的不是這些零散的金條和銀條，他想找到「努埃斯特拉」號船上的珠寶箱，「努埃斯特拉」號倖存者老奧塔維奧告訴他，那只箱子裡裝滿了專門為西班牙國王準備的珠寶，它就存放在船尾部。可是，船尾恰恰是沉船在海底的最深處。費布斯幾次要求潛水員潛到殘骸的最深處，但每次都遭遇失敗。費布斯又派出最有經驗的潛水員，讓他們無論如何搜索到那個珠寶箱。最後，費布斯竟然親自潛到海底，搜索珠寶箱。皇天不負有心人，費布斯和他的潛水員最終找到了珠寶箱。

　　費布斯把打撈出來的每一件珍寶都進行了極為嚴格的整理，並認真做了記錄、圖樣和目錄清單。

　　當費布斯的兩艘艦艇準備離開錫爾伯海域時，法國海盜船「格洛伊」號早已得知風聲，企圖奪走他們打撈出來的珍寶。「格洛伊」號海盜船虎視眈眈地跟著費布斯的兩艘船緊追不放。費布斯的船上滿載著寶藏，根本無法與海盜交戰。

　　某天夜半時分，等到海上明亮的月光隱沒之時，費布斯突然下令關掉船上所有的光源。海盜船一時措手不及。費布斯的艦艇藉著夜幕的掩護逃出錫爾伯海域，直接駛往英國，順利地返回到維特福德港。

　　後來，費布斯移居倫敦，在那裡去世。臨去世前，他把自己成功的尋寶過程寫成《惡魔及其海底祕話》一書。然而，令人感到困惑不解的是，費布斯自己在書中對他打撈珍寶的沉船殘骸，到底是不是西班牙的「努埃斯特拉」號沉船提出質疑，並含糊其辭地指出，他的那次打撈「只不過是一種偽裝了的海盜行為！」

　　費布斯的書出版之後，他在書中的說法，馬上引起世界各地尋寶者廣泛的關注和各式各樣的猜疑和聯想。

難道費布斯打撈上來的不是「努埃斯特拉」號沉船？他當初為什麼要說謊呢？如果費布斯說的是假話，那麼真正的「努埃斯特拉」號是不是還在錫爾伯海域？沉船的寶藏是否還沉睡在海底呢？

06 「聖瑪格麗特」號寶藏

九月正是海上颶風的高峰季節，可是一支運輸船隊卻從古巴的哈瓦那港出發了，艦隊上裝載著新大陸的金銀財寶和農產品，都是西班牙緊缺的物資。

這支艦隊由28艘船組成，其中有一艘帆船上裝滿財寶，它就是「聖瑪格麗特」號，在它的艙單上標明：裝有19塊銀錠，11.8萬枚銀幣，還有34根金條和一些金盤，共計1488盎司，以及銀器、銅錠、菸草。船上14名旅客都帶有各自的珠寶，同時船上還藏有大量的走私黃金和白銀。它簡直是一座浮動的寶庫。

　　「聖瑪格麗特」號能安全抵達目的地嗎？在前面的海域上會不會有出現颶風？

　　艦隊特意挑選一個晴朗的天氣出發，日落時艦隊到達東去的方位，然後轉向北方趕上墨西哥灣流，一切似乎還算順利。然而一股未預測到的颶風進入了佛羅里達州，漸漸逼近「聖瑪格麗特」號。

　　第二天早晨，狂風吹打著艦隊。起初艦隊還能按預定航線前進。黃昏時，大風逐漸增強。在滔天的巨浪中艦隊被吹得七零八落，財寶船被狂風刮進了佛羅里達州的暗礁和淺灘中。巨浪怒吼著衝向佛羅里達暗礁，騰空而起，飛濺到遠處的淺灘。「聖瑪格麗特」號船長向四周張望，發現它的姐妹船「亞特查」號正在浪濤中掙扎。就在他看到它的一剎那，那艘船沉沒了。彷彿受到了「亞特查」號的蠱惑，「聖瑪格麗特」號也劇烈地震動起來，迅速地衝向淺灘。

　　當颶風離去，大海恢復平靜時，只有68名倖存者在沉船的殘骸中漂浮。他們大多數被經過此地的船隻救起，其餘的120多人全部失蹤。颶風在50海里長的航線上摧毀了八艘船。「聖瑪格麗特」號和「亞特查」號都沉入佛羅里達淺灘。

有寶藏的地方，就會留下探寶者的足跡，「聖瑪格麗特」號成為探寶者尋覓的對象。

尋找財寶的打撈工作立刻開始進行，但始終一無所獲。直到哈瓦那政治家佛朗西斯哥・奴奈茲・梅連獲得一份從西班牙王室得來的合同，真正的搜尋和打撈工作開始了。

梅連的水手用一隻銅潛水鐘，發現「聖瑪格麗特」號上的主要壓艙物。接著梅連的打撈者們撈出199塊銀錠和30000多枚銀幣。梅連大喜過望，打算對打撈工作投入更多的金錢和精力。這時，與西班牙敵對的荷蘭就在鄰近海域徘徊，為了避免不必要的衝突和麻煩，梅連只好撤離。之後，梅連重返沉船處，又打撈出188塊銀錠、幾千枚銀幣、1只大錨、8門銅炮、一些銅皿和銀器，但是大量的財寶仍然留在海底。

梅連準備繼續打撈，但是他被委任為委內瑞拉的總督，去加拉加斯上任。打撈「聖瑪格麗特」號的工作就此中止。「聖瑪格麗特」號打撈清單送到了西班牙，存放在安第斯檔案館。隨著時間的推移，西班牙的實力不斷衰弱，失事的船隻和它們的巨額財寶，便只能埋葬在佛羅里達淺灘外的沙底被人們遺忘了。

　　幾百年過去了，資深的打撈者梅爾因・費西根據從西班牙檔案館搜集到的材料提供的線索，發現了「亞特查」號上的大錨和其他一些物品。但是明明沉入佛羅里達的「聖瑪格麗特」號，卻猶如一艘「幽靈船」，被謠傳沉在不同的地方。檔案館的資料有些地方也模糊不清：一份資料上標明「聖瑪格麗特」號在「亞特查」號以西3海里處，而另一份資料卻把它標在「亞特查」號東面1海里。它到底在什麼位置，誰也說不清楚，但是仍然有尋寶者在繼續尋找它的影蹤。

　　費西計劃進一步打撈「聖瑪格麗特」號的步驟，這次他與打撈者羅伯特・喬丹簽署了一份合同，喬丹在搜尋中協助費西一起工作。

　　最初幾天在「亞特查」號西面用地磁儀搜索，但是毫無發現，喬丹駕駛他的「卡斯第連」號來到東邊搜索。不久，在一片寬闊的沙灘邊緣，地磁儀在坐標圖上繪出獨特的線條，喬丹在此拋了錨。潛水員發現一隻小錨，接著發現了一個6英尺寬的大鍋。一個電子儀器引導「卡斯第連」號駛向北方。讓他們興奮不已的是，在他們下一個停船處的海底鋪滿了壓艙石、西班牙陶器，他們還打撈上來4枚被1塊厚皮包纏著的銀幣。

　　在第一個發現點以北的淺水中，「卡斯第連」號的潛水員發現了3塊很沉的大金塊。回到碼頭後，每個人都在猜測：這是一艘什麼船，會不會就是「聖瑪格麗特」號？

　　幾天後，費西的兒子，又來到上次發現銀幣的海域，他潛入水中，驚奇地看到6塊銀錠整齊地排成兩行，間隔非常勻稱地靠在岩石上，在清澈的水中一條被壓艙石、銅錠和密集的裝飾物覆蓋著的，大約23英尺長的木船的大部分。繼續在周圍的區域打撈，又發現了一塊金塊、兩塊大銀錠和一隻小銀碗，還有搖沙器、炮台、盤子等。他們花了很大氣力才把一包重105磅的銀幣拉上船。這些銀幣還保持著原來放在箱子裡的形狀，但盛放它們的木頭箱子早已腐爛掉了。

　　銀錠上的標誌與「聖瑪格麗特」號的艙單完全符合，這隻船就是「聖瑪格麗特」號。潛水員們靠近「聖瑪格麗特」號沉沒中心的地點，碰到了一條「富礦帶」：11塊大金塊，4塊小金塊，4個大金圓盤，5枚小埃幣斯庫金幣，6塊小銀錠，2塊古巴銅錠和581枚銀幣。

　　接下來的可以被稱為「金項鍊日」。當潛水員在一塊銀錠周圍用手摸索時，一根大金鍊突然跳了出來。接

著一根接一根，全覆在一起纏成一個金團，共有15根。其中最大的一根有149個裝飾鍊接。在「維格羅娜」號附近，不久又發現了6塊金塊和1個金盤。

　　1981年深秋，從「聖瑪格麗特」號打撈的全部財寶證實，它們是撒落在一條長4000英尺的航道上。發現的金塊、金條、金盤重達118磅，還有180英尺長的金鍊和56枚金幣。這是迄今為止從西班牙沉船中打撈的黃金數量最多的一次。

　　費西根據從西班牙檔案館搜集到的資料提供的線索，發現了「亞特查」號上的大錨和其他一些物品。但是明明沉入佛羅里達的「聖瑪格麗特」號，為什麼會被謠傳沉在不同的地方？為什麼檔案館裡與「聖瑪格麗特」號相關的資料也模糊不清？是不是有人不想讓尋寶者找到這座裝滿寶藏的沉船？

07 「中美」號沉船寶藏

自從1849年美國加利福尼亞州北部發現了金礦，一陣瘋狂的淘金熱突然開始在全美盛行起來。淘金者們從遙遠的西部和東部趕到加州。成千上萬的人在這裡翻地掘土，加利福尼亞沒有一寸礦地沒經過鋤頭的敲打。

一群淘金者在這裡忙碌了八年，他們準備回家了。他們要從舊金山搭船到巴拿馬，再搭騾車橫越巴拿馬海峽，最後乘船駛往紐約，從西海岸返回東海岸。

運載著這批淘金者的「中美」號汽船從舊金山出發了，汽船承載著750多人，其中有423名淘金者，還有他們隨身攜帶的大批黃金。他們在憧憬中高談闊論以後的

幸福生活，卻不知危險已悄悄地到來了。由於汽船嚴重超載，船體吃水太深，使航行的安全係數大大降低。再加上這一帶海域是著名的熱帶風暴多發區，隨時可能遇到風暴。

「中美」號汽船離開巴拿馬港兩天之後，遇到了意想不到的災難。一陣突然來臨的狂風暴雨，把汽船的船艙中部擊裂，船體破了一個大洞，海水一下子湧了進來。汽船開始慢慢地下沉，船上的人頓時陷入絕望的痛苦之中。

幸好船上還有一部救生艇，但是它不能容納下船上所有的人，在最後的生死關頭，懷揣著大量黃金的淘金者，把生還的機會留給了婦女和兒童，他們經過短暫的商量，迅速組成自救隊，將船上的婦女、兒童先送上救生艇，他們全部獲救，而423名淘金者，卻和他們的黃金全部葬身於海底。

　　「中美」號船上倖免於難的人，都不能確定沉船的準確方位，而這批加州黃金的下落成了一個不解之謎。

　　近年來尋寶專家史賓賽花了二十年的時間，尋找這艘滿載黃金的沉船，他宣佈找到了「中美」號沉船的地點，但是至今他也沒有打撈出這批黃金。

08 「德利韋朗斯夫人」號沉船寶藏

2002年1月7日，美國探索公司在美國南部佛羅里達州海域，打撈出一艘已在大海底部沉睡250年、裝有價值32億歐元金銀珠寶的古帆船，馬上吸引了世界上所有海底尋寶者的強烈關注，

本來，對打撈公司來說，這是天大的好事，但寶船尚未浮出水面，美、西、法三國就已展開了空前激烈的爭奪戰。他們各執一詞，互不相讓，都說自己是合法的船主。

這到底是怎麼回事？

事情還要從17世紀說起：據有關的海底探索打撈專

家估計，在17世紀和18世紀，歐洲的征服者共有2000餘艘載著黃金珠寶的船隻，沉沒在西半球的海底，其中以西班牙運寶船最多，當年的西班牙運寶船上裝滿了從南美洲掠奪來的黃金、白銀和寶石。而1622年、1715年和1733年發生的颶風，將西班牙在大西洋上的三艘運寶船隊幾乎全部掀翻。「德利韋朗斯夫人」號就是裝載寶物最多的一艘沉船。

2002年，美國海底探索公司的潛水員，在距離佛羅里達州最南端小島的海底，發現了「德利韋朗斯夫人」號的殘骸。

後來透露，在當時的打撈現場人們發現，船體殘骸全長50米，有64門大炮，船體已經斷裂成兩截，船上的貨物散落在周圍海底。在後來的新聞發表會上他們宣佈，公司潛水員在船上發現了分別盛在17個木箱、總重量為437公斤的金條，15397枚西班牙古金幣，153箱金粉，1把鍍金寶劍，1塊金錶，24公斤純銀，14公斤銀礦石和大量的銀器，1枚鑽石戒指，6枚金耳環和好幾大箱子綠寶石。這是世界上迄今在海底發現的藏寶最多的一艘古船。據有關專家估計，其總價值達32億美元！

美國海底探索公司發現這艘寶船後，向美國佛羅里

達州法院申請對全部發現物的擁有權。據西班牙第二大《世界報》1月10日的報導，美國佛羅里達州法院最近宣判，美國海底探索公司對「德利韋朗斯夫人」號及其船上的全部寶物擁有主權，因為該公司是這艘沉船的發現者。

一石激起千層浪，西班牙政府立即對這一判決結果提出異議。西班牙駐美國大使館發言人，最近對美國報紙發表談話說，根據西班牙與美國1902年簽訂的有關條約，西班牙將要求對「德利韋朗斯夫人」號帆船及其所載全部寶物擁有主權，因為這艘船屬於西班牙船隊，船上的寶物也是西班牙政府從南美洲運回西班牙本土，送給當時的西班牙國王卡洛斯三世的。

15世紀末期的西班牙不僅衰弱分裂且相當落後，自從西班牙國王斐迪南和伊薩貝拉奠定統一基礎後才由衰轉盛，到了16世紀西班牙國勢強盛，進入黃金時代。可以說，從最早的哥倫布發現新大陸開始，西班牙王室的黃金艦隊就和南美探險有著千絲萬縷的關係。

1492年，哥倫布向當時的西班牙國王斐迪南和伊薩貝拉皇后進言航海之事。那時，西班牙國王正欲揚威海外，於是，便批准並資助了哥倫布的航海計劃。結果，

哥倫布果然為西班牙找到一塊新大陸，並帶回來印第安人和稀罕的物品獻給國王。

這位西班牙發言人還說，西班牙的要求一點都不過分，是完全合理的要求。並且，這種要求是建立在這樣一個事實基礎上：即這艘船是西班牙船員的墳墓，墳墓裡的全部寶物應該是西班牙國有財產。最後，這位發言人再次強調說，西班牙的這一立場得到了美國最高法院的支持。美國最高法院去年拒絕了「德利韋朗斯夫人」號發現者班森對它的擁有權要求。

此後，美國國務院也向美國海底探索公司表示，沒有西班牙政府的允許，不得挪動「德利韋朗斯夫人」號船，更不能取走船上的任何寶物。美、西兩國的爭論已經讓事態變得非常複雜。與此同時，法國也提出「德利韋朗斯夫人」號應屬於自己。

據歷史學家考證，「德利韋朗斯夫人」號雖然屬於西班牙船隊，但是，這艘船是西班牙向法國西印度洋公司租借的。當時西班牙正忙著與英國打仗，本國船隻不敷戰爭需要，便從法國租了一些，「德利韋朗斯夫人」號就是其中之一，況且當時船上確有眾多法國人。

據報導，在法國，雖然要求爭寶目前還都是民間組

織，法國政府目前還沒主動就此事提出主權要求，但將來完全可能提出這一要求。

———

　　法國的參與，使爭奪寶藏的局面顯得更為撲朔迷離，不知如何結束這場糾紛。「德利韋朗斯夫人」號船上的32億美元的寶藏到底應該歸誰？美國，西班牙，還是法國？

09 「桑・侯賽」號 沉船寶藏

在佛羅里達半島附近的海底，沉沒著許多西班牙船隻。1974年1月，佛羅里達曾發生由於爭奪18世紀，沉沒在佛羅里達海底的西班牙沉船的財寶，潛水員們將價值十萬美元的貨物又原封不動地投進大海裡去的事件。潛水員因盜竊嫌疑罪被逮捕，其後，該州的潛水員和考古學家決定在波濤洶湧的海域裡繼續尋找這批文物。

怎麼會有如此離奇的故事？發生了什麼事情會導致潛水員如此氣憤，將歷盡千辛萬苦打撈上來的黃金白銀又扔進大海裡，真令人遺憾的想自殺。

　　事情的經過是這樣的：潛水員德姆·庫爾和他的朋友們花了五年的時間，探索241年前沉沒的西班牙船「桑·侯賽」號，他們不但找到了沉船，還發現了大量的金銀器物，在分配財寶還沒有決定之前，因為發現地點是否在州轄領海3海里範圍之內，庫爾與該州的發現者發生爭執。

　　憤怒的庫爾在同年4月，乘小艇出海，對前來採訪的電視攝影記者說，自己並沒有違反任何法律，因為州政府不分給自己應得的那份，只有將全部財寶歸還大海，一邊說一邊用鐵鍬將金銀貨幣拋向大海。這一事件被當做新聞傳出去，引起了極大的反響，由於在此之前州政府認為擁有發現品25%的所有權，而以大盜竊嫌疑罪將庫爾逮捕。他於第二天交納了保釋金而被釋放。其後，州政府動員潛水員在現場一帶海底進行搜尋，據說因遇風暴雨一無所獲。

　　庫爾為什麼會採取這種衝動的做法，一直令人困惑不解。「桑·侯賽」號上的金銀財寶又沉入海底的什麼地方，這將成為永遠也解不開的謎題。

10 「阿凱蘭達姆」號沉船寶藏

1973年夏，沉沒於挪威西海岸隆德島海灣的「阿凱蘭達姆」號船的財寶被潛水員們打撈上來，這是250年前沉沒的荷蘭東印度公司帆船貨物的一部分，船上載有巴達比亞總督及其所屬的公司職員的工資，和用來買香料的現金30萬荷蘭盾。

該船為躲避海盜的襲擊，打算繞行北海而失敗，沉沒於隆德島附近。其後馬上進行了打撈這些巨額資金的工作，卻未能全部收回。以後由於經常用漁網打撈上來金銀幣，當地稱之為「輪帶之寶」，幾乎使天下皆知在此處可以得到沉船的財寶。

在當時荷蘭東印度公司的香料船勝過阿拉伯商人、英國商船隊而獨霸歐洲市場，因為該公司選擇了由大西洋南下，繞好望角向東航行，再沿非洲東岸北上而至印度、緬甸、馬來半島、馬六甲海峽的快速航線。據說上述事件是在不熟悉的航線上偶然發生的一個悲劇。

「阿凱蘭達姆」號是被三個出去玩的遊人打撈上來的，只用了十天時間就打撈到相當於2億日元的金銀幣，他們瓜分了這批財寶。據說這些貨幣當中，有很多價值相當高的17世紀的荷蘭銀幣和西班牙銀幣。

11 卡納帕爾海灣的沉船寶藏

自從西班牙征服墨西哥，滅亡印加帝國並佔領其領土以來，新大陸沿岸的殖民地就成為西班牙豐富的物質寶庫，其金銀產量在世界上名列前茅。這些金銀在當地開採之後，以金塊及簡單印鑄的貨幣或裝飾品形態被運送到西班牙本土。在將這些殖民地的財寶運回西班牙的途中，曾屢次發生海難事故。

其中最大的海難是1715年發生的大運輸船隊遇難事件。當時西班牙船隊從巴拿馬或是南美的委內瑞拉出港，經加勒比海向大西洋東進。那時，加勒比海域是臭名昭著的海盜猖獗地區，一旦成為他們的俘虜，船及貨

物都將被劫掠一空。

　　當然，西班牙運輸船隊是有武裝，特別是經常有兩三艘軍艦承擔護航任務。然而，武裝力量雖然能夠阻止海盜的襲擊，卻無法抵禦季節性的颱風。果然，同年7月24日，出海的船隊遇到了強烈的颱風襲擊。

　　月末，在佛羅里達半島東側的卡納帕爾海灣加裡弗特珊瑚礁上觸礁遇難。雖然護衛艦迅速避開了災難，但十一艘運輸船中有十艘觸礁，全部船底破裂，轉眼間全沉入了大海。

　　在此以前，十艘船隻以上的船隊遇難的例子，1628年9月在古巴的曼坦薩斯海域，和1643年10月巴哈馬島安布洛茲暗礁也曾出現過。

　　這次幾乎全軍覆沒的空前的大海難，給西班牙的國威帶來了極大的影響。因而，當時的西班牙直屬領地總督帕尼修‧麥因曾下令，全力進行大規模的打撈，然而卻由於暗礁犬牙交錯，無法下手，打撈工作以失敗告終。

　　這次被認為是西班牙海難史上空前絕後的大事故，損失了巨額財寶，此事眾所周知，直到20世紀仍廣為流傳。由於西班牙的歷史學家C‧費爾南德斯將這些海難事故寫入歷史書中，至今仍讓人們記憶猶新，各國冒險

家們都想打撈這批海底財寶。然而，卻沒有取得成功。

從那時起已經過了300多年，今天，又增加了具有現代潛水技術的潛水員們的新的調查活動，但撈取這批海底財寶的夢想仍然是個泡影。

佛羅里達的基普‧瓦古那招集了八位潛水員組成了向海難船挑戰的潛水小組，他並不是從事打撈沉船工作的，而是美國海軍水下工作隊的海底迷，對從事海底潛水作業充滿信心，其他的八個人也都是熱衷於輕裝潛水的潛水員。

他們從1959年9月開始，避開三個月的颱風季節，繼續探查沉船，然而經過一年半的時間，全無收穫，只得徒勞而返，潛水小組也被迫解散。於是，他重新對以前的探查方法進行了檢討。

他們雖然對潛水作業有著充足的信心，卻對海流及當地的潮汐情況一無所知。因此，他重新對海底的淤泥及地形的變化、氣象和海流的關係以及颱風之後的海底地形變化情況，進行了研究。他還準備了海底淤泥清除設備，而且最大限度的發揮了輕潛的性能和作用。

1961年1月，一位潛水員終於發現了裝有四千枚銀幣的錢櫃，可是，以後卻再未發現貨幣。不久，二年的

時間似乎就這樣徒勞無功地過去了。

但是，1963年4月，長時間調查的努力終於結出了
豐碩的成果。在仔細調查珊瑚礁的形狀時，發現在一個
大裂縫裡填滿了金幣。

重新探查前對地形的研究取得了成效。取出一枚金
幣，用指尖在其表面輕輕一刮，在金光閃閃的錢幣上可
以清晰地讀到鑄印有「我神恩賜1714年菲利普五世」的
字樣。這是西班牙運輸船隊所載貨物的一部分。

另外還發現了相當多的金銀鑄塊及裝飾品。據說花
四年多時間打撈上來的財寶，價值總計相當於250萬美
元以上，這些巨額財寶的發現，可以說是冒險家們最大
限度地發揮了輕潛作用的結果。

墨西哥的潛水員們，繼續在近海進行水下考古學調
查和沉船貨物的打撈工作，並取得了相當豐碩的成果。
由於墨西哥灣海域曾是英國和西班牙幾次海戰的戰場，
這次水底調查就是結成俱樂部的目的之一。

1739年，英西戰爭爆發伊始，西班牙的艾爾·門坦
乞羅號受到英國海軍的攻擊而失蹤，據說就沉沒在墨西
哥的海底。這艘船也是滿載金銀的運輸船，在從古巴的
哈瓦那開往墨西哥的航行中，受到英國海軍的攻擊而沉

沒的。然而,其逃走的線路不清,可以說是一艘謎一樣的沉船。

————————————————————

　　羅邁羅潛水俱樂部對這艘沉船進行了調查,並發現了其所在的位置。從其沉沒的狀態看,該船是在尤加坦海峽與英艦作戰,在逃跑的時候觸礁沉沒的。從艦炮還可分析到當時激戰的情況,在它的船室中還打撈出相當於80萬美元的金銀幣。

　　像裝載金銀幣類財寶的船隻不用說是寶船了,在打撈出的古器物類中還有珍貴的東洋文物。傳說一艘載有中國陶瓷器的東印度公司船隻,在瑞典的北海約台波里海域沉沒。

　　1905年打撈上來的陶瓷器,現在陳列在使用原瑞典東印度公司大樓的約台波里博物館中。這些陳列品雖然是些殘破的施釉的碗和碟,幾乎不具有財寶的價值,卻是歐洲人垂涎欲滴的東方瓷器。這是研究當時荷蘭東印度公司與東方貿易的重要資料,具有極其重要的歷史價值。

12 佈滿金塊的河床寶藏

　　每年有上千萬的遊人來到俄勒岡，他們對俄勒岡州的高山、峽谷、大河、深湖、懸崖、峭壁和瀑布流連忘返。但是對熱衷尋寶的人來說，讓他們最感興趣的是那條「佈滿金塊的河床」。

　　真的有「佈滿金塊的河床」嗎？故事的發生還需從19世紀初開始說起。

　　1804年，美國人威廉・克拉克和梅里韋瑟・劉易斯率領探險隊，成功地進行了第一次橫越美洲大陸的考察，在印第安人幫助下，他們到達了哥倫比亞河。後來，他們兩人被當時的美國總統傑弗遜，任命為密蘇里州和路易斯安那州的州長。從1810年，美國開始往這一

地區移民。不久，在遠方的拓荒者中流傳著這樣一個傳
說：在西部俄勒岡的「彩虹盡頭」，有一條佈滿黃金的
河床，還有數不清的鑽石和翡翠。這個美麗的傳說很快
傳遍世界各地，幾年後，人們像潮水般湧向西部俄勒
岡。當移民來到俄勒岡時，印象最深的就是到處都是河
流，許多移民無法在哥倫比亞河上穿河而過。巨大的礁
石、湍急的河水顛覆了他們的船隻，不計其數的人葬身
魚腹。

　　為了尋找「彩虹盡頭」的黃金和鑽石，從1840年開
始，成千上萬人聚集在密蘇里，準備踏上這大約需要半
年時間才能走完的2000多英里的路程。歷史學家統計，
這條2000多英里長的淘金路上共有34000名開拓者的屍
骨鋪墊，平均每英里死亡17人。

　　當年，一般來說，拓荒者的隊伍大都控制在由一百
個家庭組成。在向西行進的路上，這些家庭都駕著被稱
為「車皮」或「草原帆船」的敞篷馬車。為了抵擋印第
安人弓箭的襲擊，這種車的帆布帷幔要足夠厚實。拓荒
者們把它當做「車輪上的要塞」。

　　1845年秋天，有六支前往俄勒岡的隊伍，共292輛
車聚集在伏特・博伊斯。他們已經從家鄉出來五個多月

了，一路上受盡了磨難，好多人被折磨得皮包骨頭，有的人實在堅持不住想打退堂鼓。但所有人都知道，不論前面有多少艱難險阻，他們都必須要通過藍山，再從那開始前往哥倫比亞河。就在人們最為惶惑不安的時候，有個自稱經驗豐富的嚮導——斯戴維·密克來到拓荒者面前，此人說找到了一條新路，這條新路比起以前通往俄勒岡峽谷的路不但平坦，而且還可以少走200英里的路程。斯戴維·密克還許諾，他不但願意為這些拓荒者作嚮導，嚮導費還很便宜，沿著他找到的新路走，每輛馬車他只收五美元。

很多人都不相信斯戴維·密克做出的承諾，他們寧願沿著過去的老路走，也不願意跟這個新嚮導少走那200英里路。

最後，只有1000多人被斯戴維·密克說服，表示願意跟隨他走捷徑。

當年有兩個名叫薩姆·帕克和海瑞特的人寫的日記，或許我們可以瞭解一下大概的情況，「隊伍於8月24日離開了通常的俄勒岡峽谷，穿過蛇河沿馬修河逆流而上。第一天我們通過了碎石和丘陵地帶，來到了大塊的岩石地區。車子拋上拋下，車輪辟里啪啦地不斷斷

裂。車上的人被顛簸的頭暈眼黑。頭一天就三輛車不能走了，第二天又有五輛。就連牛和馬的蹄子也裂了，有幾頭牲畜聲嘶力竭地最後狂叫一聲，就一頭栽倒再沒有起來」。

「9月5日，隊伍穿過一條河，來到馬修河邊的平原。這裡的水渾濁不堪，我們在附近走了好幾天，轉得暈頭轉向也找不到路。最後，斯戴維·密克終於承認他迷路了。9月11日我們來到了銀湖附近幾個沼澤地的池塘邊。這裡水少草乾，不論跟隨我們的2300頭牛，800頭公牛和1000多隻山羊，還是我們這一千多號人都乾渴難耐，人和牲口都已不能再堅持，現在的問題是，我們或者坐以待斃，或是繼續走，順路送死。」

「好多人覺得受到了斯戴維·密克的愚弄，有人憤怒之下甚至想打死他，多虧老人們勸阻，才饒他一命。」

「為了找到水源我們分成了好多小分隊。9月16日，終於有一支小隊帶回了好消息——營地北面30英里處發現水源。大批隊伍馬上出發，第二天早上到了泉邊，隊伍沿著庫克河多山的水邊前進，疲憊的人們在陡峭的山坡幾乎寸步難行，穿過乾涸的河床，又過了幾天我們終於發現新的水源。」

「9月底的一天傍晚，具體日期已不能確定，當我們疲憊地用盡最後一絲力氣爬過一座山時，看見了一條清澈的河流！它緩緩地穿過被草覆蓋的山谷。一小時後整個車隊全部到達河岸，婦女們開始在周圍拾柴生火，準備晚飯。天是藍的，到處青蔥翠綠。不用再被關在車中的孩子們高興地在河邊嬉戲。他們在淺淺的、清澈的河裡找到好多閃閃發光的黃色小塊，跑向父母，驕傲地向他們展示發現的金屬塊，大人們告訴他們這是黃銅。到了晚上，孩子們仍然在水中玩耍，揀了好多閃光的石頭堆成小堆玩。第二天早上到了出發時間，有幾個孩子趕緊揀了一些美麗的石塊放在木桶中，準備在路上玩。隊伍繼續疲憊地爬山。」

「人們太疲勞了，死了很多體弱多病者。9月23日埋葬了四人；9月24日埋葬了六人；9月29日埋葬了三人；9月30日埋葬了五人。9月30日，我們來到庫克特河的主流，10月2日到達杜捨努特河，最終河水把我們帶到了哥倫比亞河邊的達拉斯村，令人沮喪的是，好多人儘管丟掉性命，但並沒有找到傳說中的黃金河床及它裡面的寶藏。」

然而事實又是如何呢？他們真的沒有找到黃金，還

是走到了到處都是黃金的黃金堆跟前卻「目不識金」呢？

三年後的1848年，當他們經歷了千難萬險到達加利福尼亞之後，有個好奇的家長把那些黃色小塊送到鑑定部門去檢測，鑑定的結果令所有人大吃一驚，原來，那竟然是世界上純度最高的金子！

直到那時，人們才恍然大悟，好多人大聲驚呼，上帝啊！還記得三年前九月底的那天傍晚嗎？還記得那些孩子在一條河邊玩耍時揀到的那些閃閃發光的東西嗎？他們拿許多塊黃金拿給父母看，但愚蠢的大人竟然告訴孩子們說那是黃銅！

那是怎麼的一條佈滿金塊的河流！以致於孩子們能把它們堆成堆。但沒有一個大人想到它們的價值。只可惜在路上玩耍時，許多孩子都早已把那些小黃金塊扔掉了，剩下的微乎其微。

因為孩子們把金塊裝在木桶中，同時隊伍的車被漆成藍色，所以直到今天人們尋找的金礦仍被稱為「丟棄的藍桶礦」。

也有人想起了那個當年的嚮導斯戴維·密克，是他把那1000多人帶到那個佈滿了金塊的河流的，可是當時人們竟差一點要殺死他。

後來發生的事情可以想像，三年前曾在那條佈滿金塊的河床邊待過的拓荒者們得知內情後，好多人追悔莫及，抱恨終生。越來越多的拓荒者回憶起旅程的細節，和當時孩子們找到金子的地方。

1849年春天，第一支去馬修縣尋找被稱為「斯戴維·密克的捷徑」的金河勘探隊出發了，隊伍由100名騎手60頭駄載牲口組成，由當年的見證人馬丁帶領。馬丁找到了返回馬修河的路，但遺憾的是，他們還沒等走到那個地方，就被印第安人襲擊並搶走了他們的馬，只好落荒而逃。

在那之後的十幾年裡，不斷有尋寶隊出發。但此後沒有一個人再找到那條黃金河。

1861年，正當好多人已經對此事絕望時，突然有當年的拓荒者想起來，就在當年的9月份發現金子前不久，有一個叫賽瑞普塔·坎博的女人死了並埋在那裡。在她的墳邊，人們還在一塊石頭上刻上了她的名字和日期。這個新的線索馬上引起了轟動。

於是，許多勘探隊開始尋找賽瑞普塔·坎博墳墓的位置，1880年，一個老探礦者有幸找到了那個墳墓，但在它的西邊並沒有發現金塊，他失望而歸。

　　據說兩個法國人在那個老探礦者之前捷足先登，找到了那個地方，甚至還找到了那條有金子的河。但因遭遇印第安人襲擊，他們逃離了那個地方。為了怕黃金落到別人的手裡，在此之前他們曾經故意挪動了墓牌，所以除了他們之外沒有人再找得到那條金河。

　　漢瑞‧巴納斯‧瑞文是一個富有的馬修縣牲畜商，對「藍桶礦」很感興趣。憑著當過嚮導的經驗，他追蹤到拓荒者隊伍舊時留下的痕跡。瑞文根據痕跡從蛇河開始，沿著馬修河，穿過峽谷和山澗，在馬修河北部岔口附近一棵刺柏處找到了坎博的墓碑。因為他聽說墓碑被挪過，所以他就掘開墳墓尋找骨頭。但是，他也在這兒碰壁了，墓碑底下什麼也沒有。他繼續向西尋找，仍一無所獲。

　　令他和後來的尋找者沮喪的說法是，這並不是那個墓，隊伍根本沒向北走那麼遠，而只是在馬修河北岔口安營。所以後來很少有勘探隊來此。

　　儘管屢次碰壁，好多人還是沒有放棄。直到1950年，人們終於真的找到了坎博的墓碑，墓碑上寫著：坎博女士，1845年9月3日。經拓荒者重新認證，她的名字叫賽瑞普塔‧金坎博，是羅蘭‧坎博的夫人，她確實曾

參加過密克帶領的拓荒者隊伍。她的後人確認了死亡日期。根據帕克和海瑞特1845年9月5日的記錄，隊伍過了河進入今天的克蘭普雷里，從坎博女士的墓開始引路人一定是逕自向南轉，在兩天內到了那兒，據此「藍桶礦」應該就在馬修河北岔口和克蘭普雷里之間。當然，這只是那些拓荒者的後代們一輩又一輩流傳下來的一種說法。

這個經過了一百多年流傳下來的「說法」，與當年的實際路線到底有多大的出入？佈滿金塊的河流真的存在嗎？這個美麗的傳說可信嗎？

13 失落的加州 「黃金湖」寶藏

提到美國的加州，人們通常會聯想到海水、陽光和沙灘。但對熱衷尋寶的人來說，他們對加州地圖上標出的大大小小的「黃金湖」更感興趣。

那麼，加州地圖上這些「黃金湖」是從何而來的呢？事情還要從1834年說起。

1834年春天，瑞士人奧古斯特·蘇特為了逃避債務來到紐約。五年後，奧古斯特·蘇特成為加利福尼亞最有名望的人。1839年，墨西哥總督胡安·巴蒂斯塔·阿爾瓦拉多，將薩克拉門托河邊的大片地產轉讓給他，在其他瑞士移民的幫助下，蘇特很快把這裡發展成了繁榮

的移民區新埃爾韋西亞。他在這裡建起了一個極具特色的城堡，後來在這周圍形成了今天加利福尼亞州的首府薩克拉門托。

1847年，蘇特決定建一個鋸木廠，找來當地的木匠約翰·馬歇爾。為了便於在河邊進行建築工作，馬歇爾讓人開了一道水渠。一天早晨，馬歇爾巡視水渠，發現水渠的水中有黃色的東西閃閃發亮。他從水中剷起一鐵鍬石英和「閃光物」，幾分鐘就挑出幾個核桃大的金塊。馬歇爾放下工作，去找蘇特私下密談。

馬歇爾讓蘇特看手裡的黃金顆粒和沉澱物，低聲說道：「我相信這是金子。」蘇特很快確定這是黃金，他告訴馬歇爾不要聲張此事，過幾天他親自去鋸木廠。

事後蘇特在日記中寫道：「馬歇爾先生為一件非常重要的事來到這裡。」四天後，他又寫道，「2月5日回到了新埃爾韋西亞。因為鋸木廠需要食物，我回來後派瑞士馬車伕雅格布·維特梅去那兒。」

馬車伕是個酒鬼，在途經薩穆埃爾·布萊南的小酒店時，他要了一瓶白蘭地。酒店老闆向這個一向喜歡賒帳的馬車伕要酒錢時，沒想到他這次十分痛快地把一小把金粒扔在櫃檯上。

在2月14日的日記中，蘇特已經預感到事情有些不妙，他寫道：「馬車伕維特梅從山裡回來，逢人便說那裡發現了金子，這也許不是什麼好事。」

事情的結果比蘇特的預感更糟糕。鋸木廠發現金塊的消息很快就傳遍了全世界。大批淘金者來到美利堅河邊，每天都有幾百個淘金者經過蘇特的城堡，並在他的領地上安營紮寨。這些瘋狂的淘金者到來之後，燒燬了他的農場、鋸木廠、船廠和倉庫，屠殺了他的牲口。最後，蘇特的農場裡所有能搬走的東西都被拿走了，只剩下一個刻著「1848年1月發現的首枚金子」的金戒指。一貧如洗的奧古斯特·蘇特離開了加利福尼亞，來到華盛頓定居。

淘金狂潮很快就席捲了整個加利福尼亞和美國北部。成千上萬的人在這兒翻土掘地，恨不得挖地3尺一下子翻個底朝天。

在以後的幾十年中，加利福尼亞流失了大量的黃金。僅僅「太平洋郵政公司」在運行的頭四年裡，就運輸了價值1.22美元的黃金粉末和金條。

費城記者理查德·斯托達德是一個喜歡異想天開的人，喜歡做「黃金夢」。1848年的一天，他在報紙上看

到加利福尼亞發現金塊的報導後，用盡所有積蓄購買了勘探的裝備，第二天就離開了編輯部。

1849年11月底，加利福尼亞的山上大雪紛飛，一個男人跟蹌著走進了尤巴河北岔口邊的唐尼維爾的「黃金國」飯店中的一個小酒館。這個男人看上去非常疲憊，他進門後把一顆小金塊放在桌上，要了些食物，跟他的鄰桌聊了起來。他自我介紹自己是一名來自費城的記者，名叫理查德·斯托達德。他跟一個同伴加入了一支淘金隊伍，他們跟隨著隊伍來到中部草原。在內華達的洪堡河邊，嚮導在一個路人的指引下找到一個容易通過的山口，即戈弗雷—雅伯拉夫山口。

走上這條新路後，他們吃盡了苦頭，在伊格爾湖附近他們幾乎斷了糧，為了不被餓死，斯托達德和他的同伴離開營地，獵獲了兩隻鹿，當他們決定返回營地時，發現已經迷路了。他們在叢林和山谷中亂轉了幾天，發現自己仍在原地兜圈。三天後，他們來到一個綠色的山中湖泊邊，他們在湖邊宿營。第二天早晨，兩個人來到湖岸邊洗臉，突然看見水中散佈著黃色的金屬，他們從中撈出一些，立刻辨認出這是金塊。湖底被黃金覆蓋著，他們的背包裡裝滿黃金，記住了湖的位置。

第二天，他們正沿著一條河流行走，突然遭到了印第安人的襲擊，斯托達德的同伴中箭身亡，他在危急關頭躲進了岩石的裂縫中倖免於難。這時斯托達德才發現自己的腳受傷了，幾乎寸步難行，根本拖不動裝著金塊的背包。他在岩石中發現一個洞，把金塊藏進洞裡。第二天晚上，斯托達德一步步蹭到酒館。

酒館裡所有的男人都被這個離奇的故事迷住了，當天晚上黃金湖的消息，飛快傳遍唐尼維爾和整個山區。幾星期後，《索諾拉先驅報》發表了一篇與此有關的文章，想像力豐富的記者對黃金湖地區的印第安人大肆渲染，說他們像祕魯的印加人一樣，所有的日用品都用黃金製作。

1850年2月中旬，斯托達德的腳已經康復，他悄悄組織了十個人勘探黃金湖。經過三個月的精心準備，他們決定在一個大雪紛飛的夜晚悄無聲息地進山。但是當斯托達德爬上一座山辨認方向的時候，他一下子嚇呆了，山谷裡跟蹤他來的至少有五百人。

他們行經北部山脈、尤巴河岔口、梅多山谷和巴特水山谷，經過阿爾馬諾湖，從內華達城出發大約四星期後，到達了拉森峰山腳下的一個寂靜的山谷。拉森峰是

這個地區中海拔最高的地方，他們在此逗留了幾天，斯托達德從一個山頂爬到另一個山頂，他試圖辨認出一條熟悉的路線或丘陵，希望這些能給他指明正確的方向。

在第四天晚上，斯托達德不得不承認他走錯了路，再也找不著方向了。但是人們並不這樣認為，以為他想獨吞金子，故意誤導他們。斯托達德憑藉自己的口才說服了大家，他請求寬限二十四小時，如果第二天傍晚，他找不到金子，大家就處死他。

斯托達德心裡明白，想一天之內在荒野裡找到一個小湖的可能性太小了。如果找不到黃金，這些淘金者肯定不會放過他。於是，他決定逃走。從那以後，再也沒有人見過他。

斯托達德當年逃走的那個山谷，被命名為「最後機會山谷」。如果理查德・斯托達德說的是真話，那麼這個至今下落不明的黃金湖就在山谷附近的某個地方。

第二天早晨，憤怒的淘金者發現斯托達德逃走了，他們四處尋找黃金湖，登上該地區所有的山峰，勘察每一個山谷。一些淘金者還在拉比特河岸邊定居下來。

多年來，幾代淘金者在山裡尋找著黃金湖，有的人也找到了不少黃金，但是始終沒有找到理查德·斯托達德的黃金湖。雖然在加利福尼亞的地圖上有幾個大大小小的名為「黃金湖」的湖泊，但是誰也沒有在那些湖裡發現過黃金。黃金湖究竟在哪裡？只有幸運的人才能找到它。

14 瑪迪亞海底寶藏

1907年，一位希臘的海綿打撈工人，在北非的突尼斯東部的瑪迪亞海底，看到了像軍艦大炮樣子的文物。不久之後，潛水工人又在附近海底發現了很多雙耳陶瓶和青銅製品的碎片。

打撈上來的文物，向當時法屬突尼斯的海軍司令官傑‧拜姆海軍大將，做了報告並將文物移交給官方，拜姆動員潛水員進行調查。其結果證明：被看成海底大炮的文物，並不是大炮，而是希臘浮雕的大理石伊奧尼亞式圓柱。

這一發現在歐洲的學術界引起了極大的轟動，為20世紀初考古學調查的發展提供一個實習機會。調查由古

文物部來負責進行，並任命突尼斯古代文化研究所所長阿爾弗雷德‧邁爾蘭為調查隊隊長。

邁爾蘭推測在這一海底埋藏有羅馬時代的沉船，並意識到調查決非尋常，突尼斯當局、法國海軍都給予援助，且集中了希臘、義大利的一流潛水員，從1908年到1913年共進行五次調查。

對於距陸地6公里，海流非常急，而且水深40米的海底調查來說，技術上受到各種限制，而且沉船完全被埋在河底淤泥中，使發掘作業極為困難。但潛水工人們的熱情和耐久力克服了所有困難，遺物被安全打撈並確認了沉船的遺存狀態。

沉船中，有最早報告說的像大炮的東西，實際上是大理石圓柱，共六排約六十根，還凌亂地散佈著柱頭、柱礎以及其他大理石的建築材料和雕像等。雖然打撈上來了雙耳陶瓶等部分文物，但大部分遺物仍然留在海底。

負責直接指揮海底作業的塔拜拉大尉，出於希望今後能繼續進行調查的考慮，向突尼斯檔案館提交了調查報告。現在，這一報告書擺滿了突尼斯的巴爾特博物館的五個展覽室，不僅是打撈上來文物的說明書，同時也是研究這些遺物最原始的資料。

　　但是，當時的潛水技術和調查方法，無法繪製出能將船體復原的實測圖，也無法將船體打撈上來。儘管如此，潛水工人們仍然採集打撈出各種文物，並在海底淤泥的清除過程中，搞清了下面厚約20公分的木材堆積層和其分佈範圍，並確認了這是船的甲板，還瞭解到打撈上來的遺物是甲板上的貨物。

　　在甲板下的船艙裡裝滿了大量的細小貴重品，在更下面的船艙中貯藏著很多的大理石藝術品，其中主要有希臘雕刻家加爾凱頓刻有「波埃特斯」銘文的「海爾梅斯」青銅像和同樣大小的「奔跑的薩爾丘斯洛斯」青銅像、大理石「阿弗洛迪忒」半身像、牧神「波恩」的頭像等。

　　此外，還有燭台、傢俱等日用品和希臘阿提加工精美的酒杯。其中帶有銘文的「海爾梅斯」像被認為是希臘時代著名的珍品。

　　這艘沉船據推測，是滿載羅馬從希臘掠奪的藝術品及其他貨物的大型運輸船，船從雅典的皮萊烏斯港出航，在駛往羅馬的途中，向南漂流時沉沒。

　　該船長36米多，寬10米多，大概是無槳的橢圓形帆船。從當時的造船技術看，似乎是為了運送沉重貨物設

計的。其年代根據遺物的研究推定公元前2世紀末到公元前1世紀初。

隨著對遺物的文化性質及船體構造的研究，瑪迪亞沉船逐漸在學術界引起較大的反響。法國著名史學家和美術評論家馬爾塞爾‧布利茵對這艘沉船的調查給予高度的評價和讚揚認為是「水下考古學的最早的勝利」。他同時寫道：「在海底發現了希臘遺留給貪婪的羅馬人的全部美。」

美術史學家薩羅門‧雷那克曾經為邁爾蘭的工作籌集資金而奔走，他讚揚這項調查成果「是公元79年維蘇威火山爆發中，被掩埋的古代義大利城市赫庫蘭尼姆和龐貝被發現以來，考古學界最偉大的發現」。

他還根據對發現文物的考證，搞清了遺物中的燈，為羅馬時代的作品，考證出該船的年代。據他考定，該船是公元前86年征服掠奪雅典的羅馬執政官魯希阿斯‧斯魯拉有組織的將掠奪品滿載運回羅馬，而在途中遇到暴風、飄流到瑪迪亞海域沉沒的貨船。

斯魯拉是羅馬共和時代的猛將，深得人民的擁護，具有卓越的指揮才能。他征戰生涯中最大的功績是征討小亞細亞的蓬茲斯。據說他在當時已獲得很多的戰

利品，但為了掠奪，他又率領羅馬軍隊進一步入侵雅典。

　　他在那裡下令拆毀奧林匹亞的一座神殿，將大理石建材和雕塑裝上運輸船隊送往羅馬。有的史學家說，他打算用這些戰利品在羅馬復原神殿，以作為他的勝利紀念碑裝點城市。

　　據說這一船隊繞行到義大利半島與西西里島之間的墨西那海峽時，突然遇到風暴，其中一艘向西南方向漂流至北非近海沉沒，一直在海底厚厚的淤泥下沉睡了二千年。

　　也有人反對這一觀點。由於其沉沒地點靠近北非的突尼斯近海，貨物不都是極佳的藝術作品，也有被認為是訂貨的燭台和其他物品，還有大理石建材的半成品，據此以邁爾蘭為首的包括水下考古學熱心的支持者菲利浦、迪奧萊等都站在反對雷那克觀點的立場上，認為船上的貨物是商品，船是商船。

　　此兩種論點至今均未找出更為確切的論據。這就意味著滿載希臘藝術作品的瑪迪亞羅馬沉船仍然是一個謎。瑪迪亞調查雖然還沒有結束，但其成果已使考古學家、歷史學家、美術史學家受到了極大的衝擊和震動。

　　在邁爾蘭調查工作三十餘年之後，隨著第二次世界大戰結束，地中海逐漸喪失了以前的戰略地位而趨於緩和，恢復了和平。因而，考古學家們再一次注意到瑪迪亞海底，計劃重新進行長時間中斷的古代沉船的調查。

　　法國潛水小組的庫斯特在1948年和法國海軍中尉，潛水考古學家迪瑪率領水下呼吸潛水小組來到瑪迪亞海域。庫斯特查閱了巴爾德博物館的發掘資料和塔拜拉的報告書，堅信瑪迪亞沉船中，還有大量藝術作品和其他文物。

　　聲納儀重新確認了船的規模，進一步瞭解到船的構造。並發現了其他大理石伊奧尼亞式圓柱柱頭，以及為增加錨的水平力的鉛製橫棍和其他零散船構件。但是這次水下考古，仍然沒有詳細認識船的構造。

● ....

　　1945年，突尼斯海中研究調查團再次對該遺址進行打撈。雖然沒有打撈出什麼藝術品，但成功的製作了準確的船體實測圖。

　　估計貨物的總重量在200噸以上。如此沉重的貨物堆積在30米船的甲板上是絕對不可能的。

　　1955年的調查重點放在龍骨部分，人們驚訝的發現其結構極其複雜，沒有高超的技術是不可能製成的。

　　這艘沉船運載的是拆毀奧林匹亞神殿的藝術品，還是一艘運載大理石的商船？對此問題，專家學家者也不能做出準確的回答。

15　加勒比海底的沉船寶藏

自從哥倫布發現新大陸以來，西班牙佔領了南美洲的廣大地域，掠奪了大量財富。16世紀中葉，西班牙已成為歐洲最強大的國家。它擁有一支當時世界上最龐大的海上艦隊，壟斷著許多地區的貿易，將殖民勢力範圍擴展到歐、美、非、亞四大洲，成為稱雄一時的「海上霸主」。那時，西班牙運送金銀財寶的艦隊，是遼闊的大西洋上一道最為壯觀的風景。每年春天，這些艦隊從西班牙耀武揚威地出發，渡過大西洋來到美洲大陸，裝滿了從這些地方掠奪來的金銀財寶，然後浩浩蕩蕩地返回本國。

　　然而，此一時彼一時，作為近代史上第一個龐大帝國的西班牙，此時國力已嚴重衰退，代而崛起的是荷蘭、英國和法國。在這種形勢下，西班牙政府迫於國內戰火的壓力，只好從印第安人那裡拚命搜刮黃金和各種貴重物品。為了聚斂更多的財富，那些殖民者不惜公然燒殺搶掠，在曾經號稱「用金銀鋪砌而成」的印加帝國，對當地百姓敲骨吸髓，不惜一切手段，把那裡所有的財寶劫掠一空，然後定期裝船運回西班牙本土，以解決其困窘的財政問題和軍費開支。

　　1708年5月28日，是一個晴朗的日子，一艘西班牙大帆船「聖荷西」號緩緩從巴拿馬超航，向西班牙領海駛去，這艘警備森嚴的船上載滿著從南美搜刮來的金條、金幣、金鑄燈台、祭祀用品的珠寶，其價值共約10億美元。

　　當時，西班牙正與英國、荷蘭等國為敵，雙方都處於咄咄逼人的狀態。英國著名海軍將領韋格正率領著一支強大的艦隊在附近巡邏，危險會隨時降臨。然而「聖荷西」號船長費德茲是個既狂妄又盲目自信的人，他總是心存僥倖，認為自己敢想敢衝，肯定能闖過這一關。

　　剛開始出航，「聖荷西」號帆船還真是平安無事地

在海上安全航行，一路順風。二十多天過去了，隨著西班牙港口越來越近，費德茲船長也越來越洋洋得意，他甚至有一天在船上的晚宴上第一個翩翩起舞，由此可見他的心情是多麼輕鬆悠閒。

6月8日，一個水手突然發現在前面的海域上出現了一字排開的英國艦隊，當時就驚叫起來。費德茲船長聽到喊叫聲當即跑出房間，還沒等他明白到底是怎麼回事，英國人的大炮就對著「聖荷西」號一齊開了火。炮彈是呼嘯著從天而降，猛然間，水柱沖天。幾顆炮彈落在「聖荷西」號的甲板上。船員們甚至來不及有任何反抗，更來不及把那些價值連城的寶藏用小划艇運走，就在硝煙瀰漫中被奪去了性命。隨後，海水漸漸吞噬了這巨大的船體，「聖荷西」號連同600多名船員以及那無數珍寶沉向了海底。

三百年後，西班牙人沒有忘記這艘裝載珍寶的船隻。從20世紀70年代以來，他們曾以各種名義，多次派人前往沉船海域附近勘察。經過多次探測，到80年代初終於弄清了沉船地點。它在距哥倫比亞海岸約16英里的加勒比海

740英尺深的海底。

　　但是這片海域現在已屬南美洲國家哥倫比亞所有，西班牙人想要前去打撈，必須經過哥倫比亞政府的批准。而哥倫比亞人也知道這艘沉船裡有巨大財富。因此，他們一直拒絕別國的尋寶者或探險者前來打撈，更不准別國政府插手。

　　1983年，在哥倫比亞公共工程部長西格維亞的幾次說服下，哥倫比亞總統終於正式宣佈，當年沉沒的「聖荷西」號船上所有的寶藏，皆屬於哥倫比亞國家財產，任何個人團體和任何組織的尋寶者沒經過哥倫比亞政府的批准，都不得打撈這些寶藏。

　　最近幾年，哥倫比亞政府已把打撈這批藏寶的計劃，提到國家有關部門的日程上來，並待計劃一旦時機成熟，就正式按計劃打撈。但全部打撈費用估計高達3000萬美元，由於目前哥倫比亞動盪的國內形勢，真正的打撈何時才能實現，誰也說不準。

　　因此，「聖荷西」號沉船的位置雖然已經大致確定，但船上的珍寶想要重見天日，尚在未可知之期。

Part
2

海盜寶藏之謎

01　拉比斯的寶藏

海盜拉比斯脖子上套著絞索，被押上了斷頭台。劊子手正準備施行絞刑時，突然拉比斯從懷裡掏出一卷羊皮紙，扔向四周圍觀的人群，大聲說：「我的寶藏屬於那些能真正讀懂它的人！」

人們打開拉比斯遺留下來的羊皮紙，上面畫著十七排莫名其妙的圖案，這些圖案代表若干密碼，誰能破解出這些密碼的內容，誰就能夠找到藏寶地點。

18世紀初，拉比斯在印度洋和東非馬達加斯加海域稱霸十四年，他主要搶劫豪華商船和政府官船，總共劫取了54萬公斤黃金，60萬公斤白銀，其中還有數百顆鑽石和珍奇寶物。

　　收穫最大的一次搶劫，是他夥同海盜泰勒搶劫葡萄牙船隻「卡普聖母」號，搶走船上價值三百億法郎的金銀珠寶，他把「卡普聖母」號重新裝修一下，命名為「勝利者」號。

　　後來法國一位將領佔領了印度洋上的一個島嶼，法國國王赦免天下，許多海盜洗去罪行改過自新，可是拉比斯知道自己罪惡滔天，法國政府是不會輕意赦免他的，他先僱人把搶劫來的財寶運到一個島嶼上埋藏起來，隨後殺了所有知道藏寶地點的人。於是，他以這些寶藏作為交換條件，要求政府赦他的罪行。

　　法國海軍抓住拉比斯，經過特別刑事法庭審判，他被定為海盜罪處以絞刑。拉比斯不甘心他的寶藏永遠埋在地下，當他走上斷頭台時，留下了自己的藏寶圖，他希望聰明的人能夠找到這筆寶藏。可惜這些密碼至今都沒有人破解，這份圖至今還收藏在法國國家圖書館裡。

　　英國探險家瑞吉納・克魯瑟韋金斯得到了這張藏寶圖的複製圖，他變賣家產，攜帶畢生的積蓄來到塞舌爾島，用了28年的時間，破解了藏寶圖上十六排圖案的密碼。但是第十二排圖案始終沒有找到答案，直到他因病去世時也未能解開謎底。

除塞舌爾島外，印度洋上還有六個島嶼可能是拉比斯的藏寶地點。毛里求斯島、波旁島、馬埃島、聖瑪麗島、弗里卡特島及羅德里格島，這六個島嶼也是拉比斯一夥海盜經常出入的地方。後人根據瑞吉納‧克魯瑟韋金斯破解出來的密碼在毛里求斯島找到許多財寶。

拉比斯藏寶圖上的第十二排圖案，究竟代表著什麼？狡猾的拉比斯究竟把寶藏藏在什麼地方了，二百七十多年過去了，人們還在破解他的密碼，尋找他的寶藏。

一家中歐「俄絲烏德旅行社」還開闢了到塞舌爾島尋寶的旅遊線路，旅行社發給每一位旅客一張拉比斯藏寶圖的複製品，雖然旅費昂貴，但是旅客卻很多。他們不但可以遊覽風景名勝，還可以拿著藏寶圖到島上尋找藏寶。但是想破解拉比斯的第十二排圖案並不是一件容易的事，它需要憑知識、智慧、毅力和運氣。

02 湯普森的寶藏

可可島位於距哥斯達黎加海岸300英里的海中，曾經是17世紀海盜的休息站。海盜們將掠奪來的財寶埋藏在這裡，為這個無名小島憑添了許多神祕色彩。

蘇格蘭作家蒂斯文森的著名小說《金銀島》就是以太平洋的可可島為背景寫的，在小說的結尾，作者暗示有一大筆財寶隱藏在荒島的某一處。據說島上至少埋有六處寶藏。其中，最吸引尋寶者的是祕魯利馬的寶藏。

西班牙殖民者佔領祕魯接近三百年，利馬始終是西班牙殖民地總督的駐地。殖民軍從印第安人那裡掠奪來

金銀飾物，都聚斂到利馬，然後定期用船運回西班牙。當年的利馬號稱是富甲南美洲，甚至有人誇張的說，利馬的大馬路都是由金銀鋪砌而成的。

1820年，科克倫勳爵在海上擊潰了西班牙人的幾艘戰艦。祕魯的革命軍已經攻打到利馬城下。西班牙殖民者紛紛準備逃離利馬。當時只剩一條海路可以逃出利馬，能夠橫渡大洋到達西班牙的輪船只剩下湯普森的私家船「瑪麗‧迪爾」號。船主湯普森為了避開戰爭，正準備起錨。於是，西班牙殖民者用重金租下了「瑪麗‧迪爾」號帆船。

他們用了兩天的時間，把城內能帶走的貴重物品都裝上船，其中有屬於私人財產的威尼斯古幣、法國古金幣、埃及古金幣、首飾、珠寶、金銀餐具以及教堂聖物盒、金燭台和祭祀用品，還有珍貴圖書、檔案和藝術珍品等。正是這些無價之寶，讓這位船長變成了殘忍的海盜。

一天晚上，他在船員們的協助下，殘忍地把船上的乘客統統勒死後扔進了大海。「瑪麗‧迪爾」號從此成為一艘名副其實的海盜船。湯普森經過一番仔細研究，決定將船開往可可島，那裡與世隔絕的地理位置，有助

於擺脫海上的監控和追蹤。

　　湯普森將船上的主要財寶偷偷的埋藏在可可島，然後毀掉了「瑪麗・迪爾」號輪船，他和船員們分乘小艇去了中美洲。他們對外宣稱在海上遇到了無法抗拒的狂風暴雨，船觸礁沉沒了。但是，人們還是知道了他們的罪行。湯普森和他的船員們陸續被逮捕入獄。

　　湯普森被判處絞刑前，他向好友基廷透露了可可島上的藏寶祕密，留給基廷一份平面圖和有關藏寶位置的資料。基廷從可可島上帶回價值五億多法郎的財寶。但是基廷找到的財寶只是湯普森財寶中的很少一部分，他並沒有找到大部分財寶的藏寶地點。後來，基廷將可可島的藏寶祕密告訴了好友尼科拉・菲茨傑拉德海軍下士。可是這位海軍下士窮得連一艘船都買不起，一直沒能到達可可島。

　　菲茨傑拉德臨死前，將他知道的藏寶線索告訴了救命恩人柯曾・豪上尉。但是，由於種種原因，柯曾・豪上尉也沒去成可可島。

　　有關可可島上的藏寶資料不停地遺贈傳遞著，在澳大利亞悉尼的「海員和旅遊者俱樂部」裡，保存著一封菲茨傑拉德根據基廷提供的情況寫成的一份資料，同時

描述了幾名尋寶者尋寶失敗的過程。這些記載雖然很詳細，但是卻有著明顯的矛盾之處。

　　法國托尼‧曼格爾船長複印「海員和旅遊者俱樂部」的藏寶資料。他先後兩次登上可可島尋找藏寶地點，他發現湯普森標出的有關藏寶位置的數據是錯誤的。湯普森當時用的是八分儀，它存在著很大的偏差。托尼根據航海儀表資料，校正了湯普森的數據。

　　托尼認為，湯普森的那筆財寶就埋在希望海灣南邊和石磨島西北邊緣處的海底。托尼‧曼格爾在那裡真的找到了一個洞穴，這個洞穴要在退潮後一個小時才露出洞口。他在水下竭力排除洞外雜物時，潮水湧到了洞口，差一點兒把他淹死。他回到岸上，迷信的認為這是對尋寶人的詛咒，從此再也不敢去那裡冒險。

　　後來，一個比利時人根據托尼‧曼格爾的資料，在希望海灣找到了一座金聖母塑像。從那以後，哥斯達黎加政府以保護生態環境為理由，封閉了可可島，嚴禁任何人挖掘。

當年利馬城裡的無價之寶究竟藏在哪裡？也許它們仍然沉睡在可可島邊上某個祕密的角落，等待著人們去發現它們。

03 威廉・基德的寶藏

橡樹島的面積僅有幾十平方米，可是二百多年來，它一直吸引著一批又一批的尋寶者，他們在島上挖溝、鑽洞、築壩、開隧道，想盡各種辦法，要挖掘出那個傳說中的藏寶洞。

從1795年至今，這些探寶隊在島上的藏寶洞中一共挖掘到：三條銅鍊、一小片羊皮紙、一塊刻著奇怪符號的石頭。

二十五家尋寶公司因投入巨額資金最後兩手空空而破產。二百多年的反覆挖掘中，有的人仰天長歎知難而退，有的人葬身海底，但沒有一個人能夠如願以償。

橡樹島下究竟埋藏著什麼？為什麼那麼多尋寶者如

此不屈不撓、執迷不悟呢？

17世紀，橡樹島是海盜頻繁出沒的地方。著名的盜威廉・基德，是一位半神話式的海盜，在英國各個時期的文學作品中，他以最富有傳奇色彩的海盜著稱。

基德在倫敦被處決前，與英國政府提出一個交換條件：「如果能免我一死，我願意說出一個藏寶地點。」但是，他的要求遭到政府的拒絕。

基德死後，人們得知他有一筆寶藏。近二百年來，探索基德寶藏的活動始終沒有中斷過。因為基德的藏寶不僅數目驚人，而且有一部珍寶是著名歷史文物，可以堪稱為無價之寶。如果誰能發現基德的寶藏，一定能轟動全世界。

傳說中基德的寶藏分別藏在三個地方：太平洋海岸的聖埃倫娜港灣的科科洛墓洞穴、加拿大的橡樹島和位於新蘇格蘭南部。

最早發現橡樹島埋有寶藏的是丹尼爾・麥堅尼，他到島上打野鴨子，卻意外地發現一塊被人開墾過的一片空地，在中間略高的地方孤零零地聳立著一棵大橡樹。在橡樹的陰影下，地上有個圓形的大洞。

丹尼爾對這個圓形的洞產生強烈的好奇。洞的直徑

約為兩米。大橡樹的樹幹和樹皮上有很多疤痕和記號，一根樹枝上掛著一組滑輪。丹尼爾斷定，這裡可能埋有海盜寶藏。

第二天，丹尼爾帶來安東尼‧沃恩和約翰‧史密斯兩個小夥伴，挖掘那個洞，他們發現這個洞像個枯井，每隔20米就會碰到一塊橡木板，最終毫無發現。

八年之後，安東尼組織一支探險隊來到橡樹島，繼續挖掘寶藏。當他們挖到地下13米時，碰到一層木炭。又挖了3米後，發現了一塊刻有神祕符號的石板，經過專家破解，意思是：在下面80米處埋藏著兩千萬英鎊。

探險隊立刻恢復了衝勁，又開始繼續挖掘，在20米深處碰到一層椰殼纖維，在24米深處碰到一種油灰。挖到30米深處時，工人們用鐵桿下探，觸到堅硬物，人們欣喜若狂，他們相信那一定是裝著兩千萬英鎊的藏寶箱。當天晚上，大家研究好寶藏如何分配。

第二天早晨，人們驚訝地發現，洞穴裡竟然灌進20米深的海水。工人們馬上開始排水，但是海水湧入的速度比排水還快。他們又想了幾個方案，但是都沒有成功。安東尼發財的夢想成了泡影。後來，又來這裡挖掘過十五次，耗資三百萬美元，但是仍然毫無結果。

五十年後，一支自稱是「特魯羅公司」的尋寶隊又來挖寶。他們在藏寶洞西北方向3米深處又挖了一口井，當他們挖到30米深時，就要接近洞裡的藏寶箱時，井中再一次突然進水。後來人們驚奇的發現，有一套精巧複雜的引水系統通向藏寶洞，使藏寶洞變成一個蓄水坑。

這些困難絲毫沒有影響挖寶者的熱情，後來有人在距離地面5米深處，挖出一塊羊皮紙，上面用鵝毛筆寫著兩封信，有的人還挖出了鐵板，這些發現更使人堅信：海盜在這裡埋了一筆鉅額寶藏。

橡樹島上的寶藏至今仍未露面。有些人認為財寶可能不在橡樹島，而是在附近的什麼島上。

另一處最具浪漫色彩的基德藏寶地位於遠東的一座孤島「骨架島」上。

傳說17世紀末，基德從一個印度君主奧蘭格茲伯親王那裡搶來價值三億法郎的財富。他把財寶運到東經125度附近的小孤島上。在助手的協助下，他殺掉所有幫他藏寶的人，然後對他的助手也下了毒手。他把這些人的屍體釘在樹上，讓每具屍體的右手指向藏寶地「死亡谷」，財寶就藏在谷底下9.15米深處。

骨架島的寶藏不是一個傳說，而是確有其事。

　　英國律師休伯特・帕爾默在據說是基德的保險箱夾層裡發現一幅殘缺的18世紀航海圖，經過加工黏貼，發現航海圖上對一座神祕的「骨架島」上藏匿的財寶有說明。

　　根據這份資料，後來有十三人組成一支尋寶隊，乘坐「拉莫爾納」號雙桅帆船駛向遠東，但很快在懷特島附近遭遇風暴，帆船擱淺後便杳無音信。後來有人在日本一座海島上的珊瑚洞穴裡發現一批黃金保險箱和銀條，有人推斷這就是基德的藏寶。

　　基德的藏寶地點到底有幾處？總計有多少？這些問題的答案只有他自己知道。但隨著他命歸黃泉，基德財寶成了一筆真偽難辨的幽靈寶藏，成為藏寶史上一大懸案。

04 蒂皮・蒂普的寶藏

桑給巴爾是印度洋中的一個珊瑚島，15～16世紀，這裡是印度洋上的阿拉伯海盜們休息的聚點。

在印度洋上的眾海盜中，最臭名昭著的奴隸和象牙販子是阿拉伯人蒂皮・蒂普，很多海上襲擊和搶劫行動都是由他策劃指揮的。他在桑給巴爾島上建立了豪華而神祕的巢穴，累積了大量的財富，成為遠近聞名的最富有的人。

在蒂皮・蒂普的海盜生涯中，收穫最大的一次行動，是劫掠一支由十二艘船隻組成的阿拉伯船隊的金幣。當時，船隊從哈里發管區出發，途經印度洋向桑給

巴爾駛來。船甲板上裝了香料和布匹，還有一百桶金幣和銀幣。他們準備用這些錢在東非和中非購買奴隸。後來，船隊在肯尼亞東海岸附近遇到了暴風雨，船員把一百桶金幣用小艇轉移到了另外兩艘沒有損壞的船上，運往古城蓋迪。這兩艘船幸運地躲過了暴風雨災難，卻沒有躲過阿拉伯海盜的強搶。

阿拉伯海盜滿載著裝滿一百桶金幣的船隻，通過一條祕密河道，把寶藏埋進蓋迪老城的大森林裡。他們約定幾天後回來平分這批寶藏，當他們懷揣著發財夢登陸以後，發現蒂皮・蒂普率領大批人馬在等著他們。這幾個阿拉伯海盜還沒來得及向蒂皮・蒂普做出解釋，他們的頭就已經全部落在地上。

蒂皮・蒂普自認為對蓋迪城市的每一寸土地都瞭如指掌，很快他就能找到埋藏金幣的地點。但是，他幾乎翻遍了蓋迪整座城市，也沒有找到那一百桶金幣。蒂皮・蒂普因為自己沒留下一個活口，後悔得捶胸頓足。他經常來到蓋迪這座古城裡徘徊思考一個問題：一百桶金幣究竟埋藏在蓋迪古城的什麼地方？

蓋迪位於肯尼亞海岸，在蒙巴薩和馬林迪之間，曾經是東海岸最富庶的城市。公元1100年左右，阿拉伯人

在這裡建立起一個商業移民區。很快，蓋迪與印度、波斯、威尼斯之河建立了廣泛的商業關係，使這裡突然繁華起來。阿拉伯人還在此建造了豪華的住宅、很多精美的清真寺、面積上千平方米的總督府等巨大建築。

可是不知什麼時候，也不知什麼原因，這個富庶的地方悄無聲息的消失在原始森林綠色的籠罩之下。在以後的幾百年，似乎沒有人知道蓋迪老城在哪裡？

英國人約翰‧基爾克在原始失蹤森林裡找到了蓋迪古城，從此，這座廢墟城市成了「東非的寶貝」。與此同時，那裡埋藏著一百桶黃金的故事和大海盜蒂皮‧蒂普的名字，也逐漸在人們中間流傳開來。

20世紀下半葉，隨著探險和尋寶熱的興起。蓋迪的名字更是像長了翅膀一樣，在世界許多國家傳開。在過去一百年中，曾有大量的阿拉伯人、葡萄牙人、荷蘭人和英國人來到蓋迪尋寶，他們冒著隨時喪命的危險，面對著周圍成千上萬的蚊子、巨蟻在森林裡到處挖掘。敲敲打打，但都一無所獲。

德國著名尋寶家曾經仔細研究過蓋迪古城的平面圖。他認為這些金幣可能埋藏在蓋迪的海瑪清真寺和蓋迪宮殿的地下。他還在宮殿裡的一口枯井深處，發現兩

把彎刀交叉而成的一組雕花。他猜測這些雕花可能是阿拉伯海盜留下的標記，並在那裡挖掘了三個星期。在3米深處，他發現了一塊面積大約1.6平方米的正方形石板，但上面的文字已經模糊不清，無法辨認。

繼續往下挖掘也沒有結果。由於經費已經用完，只好作罷。但他相信，金幣的傳說確實是有歷史依據的，只是迄今為止還沒有人找到那筆巨大的財寶。

●┈┈┈┈┈┈┈┈┈┈┈┈┈┈┈┈┈┈┈┈┈┈┈┈┈┈┈┈

一百桶金幣竟然在蒂皮・蒂普自認為最瞭解的蓋迪城市下神祕地消失了，阿拉伯海盜究竟把這一百桶金幣藏在哪裡了，蒂皮・蒂普翻遍了這座城市的每一寸土地都沒有找到它們？

富庶繁華的蓋迪市在什麼時候，什麼原因，悄無聲息地消失在原始森林裡？一片原始森林竟然會把蓋迪老城與世人隔開幾百年，真讓人不可思議。

05　七十三名海盜的寶藏

　　輛囚車停在格拉斯布魯克的斷頭台旁，以克
勞斯‧施托爾特貝克爾為首的七十三名北歐
海盜，陸續地走下囚車，被推上了斷頭台。絞索已經套
在他們的脖子上，劊子手正準備施行絞刑時，克勞斯‧
施托爾特貝克爾卻提出要見漢堡的議員，他要和議員談
一筆交易，而且非常肯定地說議員一定會感興趣。

　　議員很快來到斷頭台前，他迫不及待地想知道一個
馬上要被絞死的海盜頭子想跟他做什麼交易。

　　克勞斯‧施托爾特貝克爾向漢堡的議員提出一個條
件：他捐贈給漢堡教堂一個金質的鐘樓樓頂，再拿出一
個像花環一樣美麗的金錨鍊和數不盡的金幣，以此換取

斷頭台上的海盜們的自由。

　　結果卻出乎他的意料，議員不但沒有對這筆交易表現出絲毫興趣，反而命令劊子手馬上實行絞刑，七十三名海盜的人頭落在了地上。隨後，這些頭顱被釘在木樁上遊行示眾。

　　漢堡議員拒絕克勞斯・施托爾特貝克爾的請求，並不是他們不喜歡金子，而是他相信國家的尋寶人員會找到這筆寶藏。後來的事實證明，這些議員們的想法是錯的，直到今天，那個德國海盜船長的所有財產仍然下落不明。

　　北歐海盜們提出的金錨鍊和他們的財寶是真的存在，還是為了暫時保住性命想出的權宜之計呢？

　　海盜們死後不久，一個漁民買下了施托爾特貝克爾的海盜船「紅色魔鬼」號。他想把船的船板、船舷和桅桿做成木柴。在鋸斷三根桅桿時，在桅桿裡面發現大量的金幣和銀幣。這些都是海盜們搶來的戰利品。經過再三考慮，漁民沒有留下這些寶藏，把它們重新裝進桅桿裡，埋藏到一個祕密的地方。

　　由此可見，海盜們確實有一筆數目驚人的寶藏，他們會把這筆寶藏埋藏在哪兒呢？

　　根據分析，有人認為施托爾特貝克爾的寶藏最有可能隱藏在以下幾個地方：

　　第一個地點是古老的哥特蘭港口城市維斯拜，因為這個地方曾經是「糧食兄弟」一度攻佔的目標。這個城市設防十分牢固，有眾多的堡壘、強大的保護牆和二十八座碉堡包圍著。

　　第二個地點是波羅的海的烏澤多姆，在那個小島上有一條從沙灘通向腹地的「施托爾特貝克爾山谷」。過去，這條山路曾經通往一處海盜的藏身地。有人分析也許那裡至今還埋藏著他們的戰利品。

　　第三個地點位於波羅的海的呂根島，島上石窟眾多，人煙稀少。島的西面是海峽，有許多內灣、沙灘和白堊峭壁，這裡的海岸曾經是海盜的棲身之處。在過去的搶劫行動中，海盜們也曾經在此地落腳。所以，這裡一度被人們稱之為「海盜灣」。

　　第四個地點是波羅的海小島上的費馬恩城堡，近年來，尋寶者在這座城堡裡發現了古老工事的殘垣斷壁，此地可能是最適宜藏寶的地點。

　　第五個地點是東佛裡斯蘭海岸，位於馬林哈弗的聖母教堂。教堂建有60多米高的鐘樓。14世紀，這裡也是

海盜們最喜歡的棲身之處。那時，大海從這裡一直延伸到離陸地很遠的地方。海盜們有可能把他們的海盜船固定在堅固的石環上，然後把搶來的東西放到高高的鐘樓裡。

第六個地點是離馬林哈弗不遠的一個農莊。從12世紀開始，這個農莊就很富裕，後來農莊的主人又把他的女兒嫁給了克勞斯・施托爾特貝克爾，因此施托爾特貝克爾有時住在那裡。

20世紀以後，探險家和尋寶者們先後找到這六個地點，卻沒有發現這筆寶藏。這些海盜究竟把他們的金錨鍊和寶藏埋藏到哪去了？

06 喬治・安遜的寶藏

有人在查閱史料時發現一個祕密：兩百多年前，英國海盜安遜曾經在魯濱遜・克魯索小島上埋藏了846箱黃金和大量的寶藏。自從這個祕密公佈於世之後，孤寂的魯濱遜・克魯索小島突然熱鬧起來。一批又一批尋寶者，帶著大量的古代文獻資料和現代化的開採工具來到這個小島，開始在島上各處日夜不停地挖掘。

喬治・安遜是一位被英國女王加封的勳爵，但他同時又是一個聲名顯赫的海盜。1774年，英國海軍部委託這名海盜去掠奪非洲南部西班牙帆船和殖民地上的財物。他所率領的中型艦隊由八艘作戰能力很強的艦船組

成，這支海盜隊伍曾令所有過往的西班牙商船聞風喪膽。

　　當年，安遜就是把魯濱遜‧克魯索島作為他的大本營和避難所。他們每次對西班牙船隻實施搶掠，都是從魯濱遜‧克魯索島出發。

　　安遜最成功的一次勝仗，是對西班牙運寶商船的一次搶掠。據說，他那次得到846箱黃金和寶石，每箱重1300公斤，總價值高達100億美元，屬於歷代以來最巨大的一筆海盜財寶。

　　西班牙當局立即派出一艘戰艦，命令他們不論如何都要把被搶走的黃金追回來。西班牙戰艦對安遜駕駛的「烏尼科尼奧」號帆船窮追不捨。安遜是世界上著名的航海家，此人有著豐富的航海和戰鬥經驗。西班牙戰艦誓死也要拿回被搶走的黃金。於是，雙方在海上開始了一次又一次的較量。

　　有兩次，西班牙戰艦追上安遜的帆船，但是都被他奇蹟般地甩掉了。但是，安遜的帆船不是西班牙戰艦的對手，加上船上裝載著1100噸的黃金，航行起來很不靈活。於是，他命令部下偷偷地把船駛向魯濱遜‧克魯索島附近的一個海灣，悄悄隱藏起來。

　　安遜的帆船隻在這個小海灣度過了一個平靜的夜

晚，第二天天剛亮，船員們就發現了跟蹤而來的西班牙軍艦。

安遜決定把帆船上的1100噸黃金轉移到魯濱遜·克魯索島上。海盜們放下小船，把大桶轉移到小船上。小船駛離了大船的背風處，快速向小島划去。

登岸後，海盜們抬著全部用鐵圈箍住的沉重的大箱子和木桶，進入了熱帶灌木叢中。他們在熱帶原始叢林中艱難地穿行數小時，爬上了一座170多米的高山。安遜在山頂找到了一個自以為十分可靠的地方，下令把寶藏埋藏在那裡。

隨後，海盜用了整整一夜的時間，終於挖出了一個上下垂直達7米深的洞穴。安遜再次仔細觀察了一下洞穴周圍的環境，詳細記下了途中觀察到的各種地形、地貌特徵，把它們一一記錄在羊皮紙上，然後命令海盜們把大桶挪到洞穴邊，然後借助於厚木板和繩索將它們放入了洞穴。隨後又在上面覆蓋上石頭和一層厚厚的泥土，最後在上面用雜草把他們藏寶的痕跡徹底清除乾淨。沒有安遜的藏寶圖，任何人都無法找到這個藏寶的地點。

由於安遜的「戰績」顯赫，這位大名鼎鼎的海盜，

後來被英國女王加封為勳爵，從此飛黃騰達。可是以這麼冠冕堂皇的身分，安遜只能玩味著他那張當年畫下的藏寶圖，卻再沒有機會到魯濱遜‧克魯索島上尋找那批黃金了。而除了他之外，任何人都不可能找到那批寶藏。

時間飛逝，安遜的寶藏已經在魯濱遜‧克魯索島埋藏了兩百年，這時的小島開始變得熱鬧起來。一批又一批各種身分的尋寶者，帶著不知從哪得來的大量的文獻和史料來到魯濱遜‧克魯索島，開始搜尋那裡的每一寸土地，日夜不停的挖掘。然而。經過幾年折騰之後，這些人全都兩手空空地離開了。

四十年過後，魯濱遜‧克魯索島下了一場暴風雨，大雨在島上造成了土石流。雨過天晴之後，有人在山谷中意外發現很多銀條和少數幾粒紅寶石混在泥沙裡。於是，人們立刻聯想到是大雨把安遜當年埋藏的寶藏，從高處沖刷出來又散落在山谷裡。

這個消息傳出之後，大批的尋寶者再次來到這個小島，但是他們又一次失望而歸。

十年之後，一位荷蘭裔的美國人貝爾納得‧凱澤對安

遜當年埋藏的黃金產生了強烈的興趣。他從島上唯一的一家名叫「阿爾達・丹尼爾・笛福」的旅店老闆娘那裡獲得了有關「安遜黃金」的訊息，便立即開始了搜尋，並自稱找到了那個藏寶洞的確切地點。

智利政府有關部門也很快得到了這個消息，並立即發表聲明，稱這個島屬於智利領土，沒有智利政府批准任何人不得私自挖掘寶藏。

隨後，他們和這個美國人開始了艱難的談判。最後雙方達成協議：假如他找到那846箱黃金，必須把所得的寶藏75%歸智利政府及魯濱遜・克魯索島上的居民，剩餘的25%歸他自己所有。

貝爾納得・凱澤的挖掘小組開始尋寶。他們用小型推土機等現代化挖掘工具在山頂上晝夜不停地開始挖掘，但地下除了石頭還是石頭，最後只好宣佈放棄，智利政府等待的利潤分成也泡了湯。

美國人走了，別的尋寶者還會來。在以後的歲月中，只要傳說中安遜的那846箱黃金不見天日，魯濱遜・克魯索島就永遠無法安靜。

07 黑薩姆的寶藏

在加勒比海盜中，有一位海盜給人留下了深刻印象：他英俊瀟灑，總是穿著深色的天鵝絨外套，長長的黑髮用黑絲帶在腦後束成一把，腰間別著四把從不離身的手槍。

他不但外表瀟灑，對待自己的受害者還非常慷慨。有一次，他佔領了一艘船，幾天後，發現船的速度太慢，不適合做海盜船，於是又將船物歸原主。他就是被譽為「海盜王子」的薩姆。

1715年，一場罕見的颶風席捲了加勒比海域，十幾艘滿載黃金珠寶的西班牙大商船葬身海底。任何一艘沉船上的珠寶都能讓一個窮光蛋一夜之間成為鉅富，因

此，無數雙眼睛都盯住了這次發財的機會。薩姆也是其中的一個，他也想抓住這個發財的機會。他說服了當地一個叫帕爾格瑞夫・威廉姆士的金匠，出資購買了一艘探險船，出海尋找失落的黃金珠寶。

然而，他們並沒那麼幸運，幾經搜尋，都沒有結果。探險船巡遊至巴哈馬群島時，黑薩姆與合夥人決定，不要在沉沒的財寶上浪費時間，直接去追蹤海面上的財寶，他們加入了海盜的行列。

少年薩姆大膽豪放，熱愛冒險。他隻身來到新大陸尋求自己的夢想，不久就加入了英國商貿緝捕艦隊，專門追捕、截獲敵對國西班牙的大商船。

黑薩姆天生具備領導天分，很快就被推舉為「伯斯特立恩」號海盜船的船長。不久，在海上劫取了「瑪麗安娜」號。一年多的時間，黑薩姆的小艦隊在加勒比海域劫掠了五十多艘船。

1717年春天，裝備精良的大商船「維達」號，緩緩駛離牙買加口岸，踏上了返回歐洲的航線。幾天前，「維達」號抵達牙買加時，船上承載的還是一群髒亂困乏的黑奴，如今全都換成了沉甸甸的珠寶與黃金。

風平浪靜，前方就是古巴海域了。一艘小船似乎在

向「維達」號靠近，不過此處並非海盜雲集之地，因而船長對此沒太在意。小船還未等船員們各就各位，海盜的炮火已經如雷雨般猛砸過來。「維達」號頓時亂作一團，幾乎沒來得及反抗，船長就被迫舉起了白旗。這伙海盜就是黑薩姆領導的「伯斯特立恩」號海盜船。

「維達」號滿載著象牙、染料、糖、珠寶、金條，還有不計其數的西班牙銀幣。不過，對於黑薩姆來說，除了一船的金銀財寶，「維達」號船本身就是頭等的戰利品，寬敞的船身、一流的裝備，比他們的單桅船氣派多了。於是，黑薩姆他們從自己的船上又搬來10門大炮，加上原有的裝備，共28門大炮，「維達」號成為他們新的海盜船。

截獲「維達」號之後，黑薩姆率領他的五艘海盜船繼續北上，駛向科德角。4月26日，薩姆從科德角再次起程。他的艦隊兵分兩路，威廉姆士帶著兩艘船離開艦隊，黑薩姆率領著裝滿鑄幣和黃金的「維達」號、「瑪麗安娜」號和另一艘船繼續前進。

誰也沒有料到，威廉姆士離開不久，天氣驟然變壞，「維達」號和「瑪麗安娜」號船擱淺了。船上的人還沒來得及逃生，「維達」號就斷成兩截，迅速沉入海

底。「維達」號上僅有二人逃生。黑薩姆和船上的黃金一起沉入了海底。

這批沉入海底的財物漸漸被人們遺忘了，直到瑞‧克利福德的出現。當他還是個孩子時，就從叔叔比爾貝那裡得知有一筆巨大財富埋在神祕的海底，只有那些幸運和勇敢的人才能得到。瑞‧克利福德找到一個投資者，他開始籌建探險隊尋找「維達」號上的財寶。

一開始進行得並不順利，幾乎一無所獲。一天，一名潛水隊員被一塊突起物絆倒，突起物被蹭去厚厚的泥沙後，露出一段生銹的金屬，原來是一門大炮！同時還發現了一枚標著「1684年」的鑄幣。1985年，當克利福德和他的探險隊發現了刻有「維達號1716」的船中時，他意識到，兒時「潛入海底探尋寶藏」的童話成了現實！從此勘測「維達」號正式成為官方項目。

此後，不斷有新的發現：數千枚西班牙鑄幣、大炮、航海工具、用來磨刀劍的砂輪、手槍、餐具等，然而這些都遠不是他們的最終目標，他們還沒能發現船體本身。

幾年後的一個夏天，克利福德和隊員發現了一根木質梁。當他們剷除上面淤積的沙土後，「維達」號的船

體展現在眼前。這一發現意味著發現整個寶藏指日可待。儘管「維達」號作為海盜船的時間並不長，僅僅幾個星期，但它是唯一被驗證的海盜沉船。

●

　　根據當年沉船生還者的描述，「維達」號上滿載著金條與銀幣。人們傳說「維達」號載有5噸重的銀幣與金條。一些歷史學家估計這批寶藏價值上億美元。

　　克利福德在發現船身前，已經找回大量金條和2000多枚鑄幣。大部分鑄幣是西班牙銀幣，也有些是西班牙金幣。看起來，其中多數金幣是在墨西哥鑄造的，還有一些來自祕魯。

　　專家推測，如果真的來自祕魯，那將具有特別的價值，因為這些金幣很可能是用印加金製品重熔鑄造而成的，被黑薩姆截獲時，正在運返西班牙的途中。

　　克利福德探險隊的發現，不僅僅是價值連城的寶藏，這些沉寂百年的鑄幣、器具同樣是藝術品，對歷史研究有著不可估量的價值。

08 愛德華‧蒂奇的寶藏

愛德華‧蒂奇，留有一撮濃密的黑鬍子，原先是大海盜戈特船長的手下，後來脫離戈特，自立門戶。1716年，他指揮著「復仇女王」號出海，攻擊了英國皇家海軍。一時間「黑鬍子蒂奇」名聲大噪。

後來蒂奇無端消失了兩年，誰知兩年後，他捲土重來，而且變得更加瘋狂，南到洪都拉斯，北到弗吉尼亞，全都是他的搶劫範圍。特別是1718年，他竟洗劫了南卡羅來納州首府查爾斯頓，不但把財物洗劫一空，還綁架了市政府議會的議員。

愛德華‧蒂奇1680年出生於英格蘭的港口城市布里斯托爾。年輕的時候做過見習水手。和許多歐洲人一

樣，懷抱著發財的夢想去闖美洲，但是，由於運氣不佳，別說發財，連生存都很困難。

1716年，他加入霍尼戈爾德船長的海盜隊伍。他們在美洲海岸和西印度群島之間搶劫了兩年，後來在加勒比海打劫了一艘巨大商船聖‧文森特號，收穫了大量金銀和寶石，霍尼戈爾德船長一高興，慷慨地把聖‧文森特號賞給了愛德華‧蒂奇。愛德華將它命名為「復仇女王」號，自此另起爐灶，開始了自立門戶的海盜生涯。

短短幾個月裡，愛德華‧蒂奇就以心狠手辣、殘忍野蠻著稱，人稱「黑鬍子」。他的名聲很快傳遍加勒比海域，在弗吉尼亞與洪都拉斯之間的航線上，黑鬍子肆意妄為，許多商船隻要聽到風聲就不寒而慄，他曾經先後襲擊了英國的「愛倫」號和「斯卡伯勒」號。經過十八個月的搶劫，已擁有了豐厚的戰利品。

黑鬍子最大膽的一次行動，是對南卡羅來納州的查爾斯頓港口的偷襲。1718年5月，他率領他的艦隊突然襲擊了查爾斯頓港口。海盜們簡直像從天而降，港口原有八艘船，還沒來得及反應就被繳了械。

黑鬍子封鎖城市，扣押了幾名人質向市政府勒索。他要求用巨額贖金和藥品來換取人質，市政府沒辦法，

只得完全滿足海盜們的要求。最終，黑鬍子帶著棉花、菸草、藥品以及價值150萬英鎊的金銀財寶，毫髮無損地撤離查爾斯頓港。

黑鬍子是一個極其殘酷的人，對他手下的人也同樣不講情誼。在他擁有了巨大的財富後，因為不想和兄弟們分享，竟然想出一個毒辣的主意。在一個小島旁，他讓自己的「復仇女王」號和另外兩艘船擱淺，命令大部分水手下船去檢修，而他和另外四十名心腹，則搭著另一艘「冒險」號偷偷溜了，把那些隨他出生入死的同伴，丟在荒涼得既沒有食物和淡水，也沒有植被與動物的小島上。幸虧有艘船兩天後恰巧路過此處，不然那批水手肯定得活活渴死在島上。

黑鬍子肆無忌憚的搶劫和殘忍的行徑，終於激怒了受害的商人、種植園主、船主們以及曾經和他一條戰線的海盜們，他成為眾矢之的。並且，他遇到一位強硬的挑戰者——弗吉尼亞州的亞歷山大・施普茨伍德州長，他向全民發出公告：任何一個居民逮到海盜都有重賞，而懸賞最高就是黑鬍子，價值100英鎊。

此外，施普茨伍德州長還向海軍求助。1718年11月11日，英國皇家海軍派遣兩艘戰船開始了搜捕海盜黑鬍

子的行動。11月21日晚，皇家海軍終於在奧克庫克海峽發現了黑鬍子的「冒險」號的蹤影。

22日凌晨，一場戰鬥打響了。皇家海軍的「珍妮」號和「騎兵」號奮勇爭先，火炮齊發。黑鬍子事先已有防範，對皇家海軍進行了強有力的回擊，雙方都死傷慘重。突然，黑鬍子的「冒險」號觸礁了，他們只能背水一戰，表現得異常頑強，用土製的手榴彈攻上皇家海軍的「珍妮」號。硝煙瀰漫中，甲板上空無一人，海盜們慶幸已將對手擊斃，其實這是英格蘭士兵設下的埋伏。

皇家海軍擊斃海盜12名，黑鬍子也在其中，活捉9名。據說，指揮這場戰鬥的羅伯特・梅納德中尉命令將黑鬍子的頭顱砍下來，將屍體拋入大海。

戰鬥過後，英國士兵立刻把「冒險」號徹底的搜索了一遍。結果他們只發現145袋可可豆、11桶葡萄酒、1包棉花，想像中的金銀財寶蹤影全無。從此以後兩百多年來，黑鬍子寶藏成了一個解不開的謎。

　　黑鬍子沒有在任何地方留下一點兒蛛絲馬跡，連一張藏寶圖都沒有。他曾經宣稱：只有上帝和他自己才知道他的寶藏隱身何處。多年來，人們找遍了每一個他可能藏寶的地方，但是都毫無結果。於是，很多人想從沉入海底的黑鬍子艦船殘骸中找到藏寶祕密。

　　1997年，美國潛水員發現了「復仇女王」號的殘骸。它位於北卡羅來納州海岸200米處，那裡曾經是令無數水手們心驚膽顫的「颶風走廊」，是無數船隻的最後棲息地。潛水員從「復仇女王」號打撈上來用黃銅澆注的船鍾和鉛捶、槍炮等遺物，但迄今為止還沒有關於黑鬍子巨額財富的任何線索。

　　不甘心的人們還在不斷地尋尋覓覓。畢竟，黑鬍子的財富數量是驚人的，能找到哪怕萬分之一也能令人一夜暴富。

09 金特的寶藏

金特，蘇格蘭人，少年時開始航海，二十多歲時已經是有一個有豐富經驗的船長。1689年英法開戰，他當上了武裝民船的船長，在西印度群島和加勒比海一帶同法國人作戰。1695年，他已是一位富商，並繼續率船在海上航行。至此，金特都是一個遵紀守法的好市民。

但是接下來的一年裡，在金特身上發生了前所未有的變化，他從一個好市民變成了一個著名的海盜頭子。

到底在這一年裡發生了什麼事情，讓一個好人變成了壞人？

由於金特的船隊在海上飄蕩了一年，沒有任何收

穫，為穩住人心，金特被迫搶劫印度商船。金特在其水手的脅迫下，正式挑起了海盜大旗。1699年，他的船隊被騙進了波士頓港，遭到了逮捕，沒收財產，被吊死在泰晤河邊。而他的寶藏也與他一起被埋在了地下。

金特從小就受到良好的家庭教育，父母都是虔誠的基督徒，小金特為人清白誠懇，遵守各種清規戒律，父母十分欣慰。小金特長大後，不知為什麼就想當一名水手，他的願望如願以償，曾在加勒比海皇家海軍的海威森船長手下效力。很快，威廉‧金特與一個富翁的女兒結了婚，成了一個企業家。

金特幸福而又平穩的生活持續了四年之後，他開始厭倦這種舒適的生活，他想回到大海上，做一名水手。

於是，他放棄了舒適的生活，重新回到了海上，成為英國國王委任的武裝民運船的船長，他的任務是摧毀印度洋上的海盜船隊以及攻擊法蘭西船隻。

威廉‧金特帶著政府頒發的沒收敵國商船及其財物的許可證，向印度洋上的海盜隊伍發起了進攻。他擁有當時配備最先進的三桅戰艦「冒險軍艦」號，船長38米，配備了36門火炮，重達287噸，船上配備了充足的彈藥。

　　金特船長率領這艘威風八面的戰艦橫越大西洋來到紐約，在那裡發出招募啟事，開始招兵買馬，組織了一支150人的隊伍，開始向大海進發。

　　金特的征途並不順利。他們不但要與兇猛的海盜作戰，還要與惡劣的自然條件和疾病作鬥爭，陸續有三十多名水手因為得熱帶病死去，他們不得不沿途招募新人加入。

　　「冒險軍艦」號在海上飄蕩了九個多月，沒有遇見可以打一場的對手，因此也沒有想像中海盜的巨大財富。糧食和飲水逐漸消耗殆盡，船員們的情緒極為低落浮躁。

　　自古兵匪一家，官兵捉強盜，演變到最後經常是官兵也做了強盜。金特船長無疑也走了這條路，他從捉強盜的官兵變成了強盜。

　　他們的第一樁無本生意在紅海開張，他們襲擊了一支來自默卡的伊斯蘭朝聖者的船隊。接著，他們又在馬拉巴海岸襲擊了一艘英國的貿易船。於是，金特船長變成了海盜船長，英格蘭政府宣佈他不再受法律保護，他的船隊不再有「沒收敵方商船特許證」的權利。

　　既然已經沒有了回頭路，金特船長索性越做越大。

1698年1月，金特船長率領全體水手襲擊了法蘭西船隻「克維達商人」號。這次襲擊行動讓他徹底失去了大不列顛國王的寬恕，他只有把海盜的事業進行到底了。

在接下來的兩年時間裡，金特成了馬達加斯加和馬拉巴海岸線之間恐怖的代名詞，他瘋狂地掠奪過往船隻，積聚了巨額財富，有人說他的財產有幾百萬英鎊，有人估計有幾十億。他將自己的財寶藏在一個極其安全的地方，除非那些財寶被全部挖掘出來，否則金特船長的財產數目始終是個謎。

金特做了四年海盜後，他又開始嚮往原來的平靜生活。金特來到波士頓港口，期望得到大赦。他向英格蘭國王新任命的州長貝羅蒙特勳爵提交申請，並準備了40萬英鎊的贖罪款。貝羅蒙特勳爵表面答應了他，保證他在英國享有自由，但當金特和手下一踏上陸地，馬上就被逮捕了。人們在他的船上找到了價值約1000英鎊的一袋金粉、一些銀幣及其他一些黃金製品。

七個月後，金特被押送到倫敦，從起訴到審判到最終判決，歷時近一年。期間，他患過重病，萬念俱灰。他的妻子薩拉·金特來探望他，他交給她一小卷羊皮紙，結果他們的祕密交流並沒有逃過看守的眼睛，這時

金特的大筆財寶成了萬人矚目的焦點，人們自然不能放過絲毫線索。結果，羊皮紙被沒收了，紙上寫了四個數字：44、10、66、18。

自此以後，關於金特船長的寶藏的探索持續了很多年。那四個數字被人們破解為一個坐標：西經44度10分，北緯66度18分。符合這個坐標的是紐約長島東部盡頭的加地納島。種種跡象顯示，金特在被抓之前來過這個小島，拜訪過島主約翰·加地納，金特在那裡購買了糧食，支付了52磅金子、5巴侖絲綢以及很多首飾。並且，金特委託約翰·加地納為他向貝羅蒙特勳爵疏通關係，爭取得到大赦。但是金特並不信任勳爵的允諾，他把大量財寶藏了起來。傳聞有人看見金特的船停靠在加地納島，不斷地從船上搬下來東西。因此，很多人認定金特船長的寶藏就埋藏在加地納島的沼澤中。

在金特船長關押期間，的確有一位大不列顛的軍官受官方委託，在加地納島上拿出部分金特的財寶以供他訴訟所用。於是，尋寶者蜂擁來到加地納島，掘地3尺，希望有所發現，但是至今仍沒有任何發現。

可是，金特船長的一位手下說，金特的寶藏埋在凡地海灣中的一個島嶼。當時沒有人相信他的話，以為是

他為了保住性命而信口開河。直到有人在凡地海灣發現了一塊刻有「威廉・金特五英尋東兩英尋深處」的大理石，人們才想到有可能這裡埋藏著寶藏。一個財團立刻組織一支尋寶考察隊進駐凡地海灣，可惜除了那塊大理石板外沒有進一步的發現。

最讓後人激動不已的是金特的三張藏寶圖。英格蘭人哈伯特・帕爾默在舊貨商店買到了一個舊水手箱，箱子裡面寫著：「1696，金特船長，他的箱子」，箱子裡的木板下面藏著一張羊皮紙，是關於一個小島的地圖，未標明位於何處。

隨後帕爾默又買到了一張寫字櫃，上面同樣有「威廉・金特船長冒險號軍艦，1696」字樣，看得出它應該是當年海盜船上的傢俱。在寫字櫃的一個洞裡藏著一張和以前那張完全一樣的藏寶圖，只是多了「中國海」幾個字。

南中國海與東中國海曾經是海盜們經常出入之地，因此尋寶的人開始把目光投向日本和台灣之間眾多的島嶼。接著，帕爾默又買到當年金特夫婦使用過的一個箱子，裡面也有一張藏寶圖，上面標明了小島的經度和緯度，只是如今時過境遷，地貌與測量度已與金特船長時

代迥然不同了。

　　帕爾默終其一生未能解開藏寶圖的祕密，後繼的無數尋寶者仍然不懈的努力著。1951年英國人布勞雷恩組織了一支十二人的尋寶隊，向中國海出發，遺憾的是，他們遭到風暴的侵襲，功虧一簣。

　　不久，傳來一個驚人的消息：一夥日本漁民遭遇風暴，他們逃生到琉球群島北部一個名叫「淨礦島」的小島上，他們在島上發現了一些雕刻著山羊圖案的岩畫，這提醒了日本學者那賀島，他根據提示來到「淨礦島」，終於在灌木叢中的一個山洞裡發現了閃閃發光的金幣和銀幣以及美麗的珠寶首飾，人們相信這就是當年威廉金特的寶藏。這是迄今為止發現的最大寶藏之一。

　　這些珠寶首飾真的是海盜金特的寶藏嗎？是他的全部或只是某部分？或許，被歲月塵封著的這些傳說永遠是個未解之謎，永遠不會有澄清的一天。

10 科科斯島寶藏

科科斯島位於太平海東南部，是世界上最大的一片無人居住的熱帶雨林島，它是當年海盜們喜愛的小島，在這裡至少藏有幾筆數目驚人的寶藏，但至今人們也無法確定寶藏的確切地點，一批又一批的陸續來到小島，他們不甘心讓這些巨額寶藏長年深藏在原始森林裡。

從16世紀開始，南美洲大陸成為西班牙統治者的殖民地。南美洲是世界上貴重金屬產地，殖民者從印第安土著人那裡掠奪了大量的金銀財寶，海上運輸是當時連接歐美兩大洲的唯一渠道。滿載著金銀珠寶的一艘艘西班牙殖民船，從太平洋穿過巴拿馬海峽和大西洋，回到

西班牙。船上的大量金銀財寶是海盜追逐的目標。他們冒著生命危險搶劫西班牙船隻，把劫掠來的戰利品裝進船艙，由於戰利品太重，他們的船隻不能在海上靈活航行，隨時面臨著被西班牙軍艦追擊的危險。於是，海盜們想出一個辦法：先把太平洋上的科科斯島作為中轉站，把財寶埋藏在島上再逃命，以後有機會再回來取出寶藏。所以，在17、18世紀，科科斯島一直是東太平洋海盜船的出發地和後勤供給處。據人們所知，在科科斯島上至少埋藏了愛德華‧戴維斯船長、貝內特‧格雷厄姆船長、威廉‧湯普森船長的幾筆數目驚人的寶藏。

愛德華‧戴維斯船長以機智著稱，他駕駛著他的「快樂單身漢」號，多次成功的躲避了西班牙軍艦對他的圍追堵截，他把733塊金子埋藏在科科斯島。戴維斯船上的一名水手在一本書中作了詳實的講述。傳說戴維斯船長晚年歸隱牙買加，生活奢侈，揮霍無度，一旦錢財花光，就會駕船出海，沿著一條祕密路線前往科科斯島，取出埋藏在地下的一部分寶藏。可是，直到今天也沒有人弄清楚戴維斯船長的祕密寶藏究竟埋在何處。

但是可以肯定的是，這筆寶藏不只是傳聞，它確實存在。因為幸運的鮑勃‧弗拉沃爾曾經接觸過這筆寶藏。

　　弗拉沃爾是一名美國水手，有一次他的船在科科斯島拋錨。閒來無事，弗拉沃爾獨自向密林深處走去，剛下過雨，道路泥濘不堪，他不小心滑了一跤，掉進一個洞裡。等他起身觀看四周，驚訝得說不出話來，因為他置身於金幣堆之中，不小心掉進了錢洞裡。他匆忙的把金幣裝進所有的口袋裡，然後悄悄回到船上，打算以後再偷偷來尋寶。可惜，當他準備好充足的食品、工具，再次來到科科斯島，卻找不到通往金錢洞的路。此後的一百五十多年裡，很多人動用現代化的儀器設備，尋找戴維斯船長的財富，都無功而返。

　　科科斯島埋藏的另一筆巨大財寶是貝托尼·博尼托船長運來的，共計7噸黃金。

　　貝托尼·博尼托原來是英國海軍軍官，常年的海上生涯使他累積了豐富的航海經驗。可是不知道發生了什麼事，這名英國海軍軍官搖身一變成了海盜博尼托船長。他駕駛著他的「閃電」號，帶領一群海盜穿梭在太平洋上，他們不僅襲擊滿載著金銀財寶的西班牙殖民船，還野蠻地劫掠祕魯教堂，搶走大量黃金製成的神像、祭器。僅僅五年的時間，他累積的財寶就有7噸黃金。

　　傳說他把這些黃金藏在了一個峽谷中，位於科科斯島南部的埃斯佩蘭斯角，在兩條奔騰的瀑布之間，離一棵棕櫚樹很近。離開科科斯島不久，博尼托率領的海盜船就被英國皇家海軍攔截，八百餘名海盜全部落網，最後在牙買加被處決。

　　博尼托的手下威廉・湯普森和沙佩勒僥倖逃脫，但是沒有人知道他們的下落。除了他們倆之外，博尼托船長的情婦瑪麗也知道這筆寶藏，博尼托死後，她被流放到塔斯馬尼。二十年後，瑪麗又來到科科斯島，試圖尋找博尼托船長的巨額黃金，但沒有成功。二十多年的時間，島上的地貌發生了很大的變化。後來，瑪麗又嘗試了很多次，都一無所獲。

　　1932年，電氣工程師克萊頓登上了科科斯島，他的運氣不錯，他和朋友利用新型的探測器，找到了價值幾百萬的財富。經考察後證明，這就是貝尼托・博尼托船長的財寶。

　　科科斯島上還埋藏著一筆更著名的寶藏，那就是「利馬寶藏」。17、18世紀時，南美洲的絕大部分地區處於西班牙和葡萄牙的統治之下。當時，祕魯首都利馬是南美最富庶的大都市，那裡不僅有開採了幾十年的銀

礦，而且儲藏了西班牙人自16世紀起掠奪印加人的無數黃金以及大量教會的財產。1821年，玻利瓦爾的軍隊逼近祕魯首都利馬，西班牙人急忙將所有的財寶，包括金塊、珠寶、金銀餐具、金銀祭器與珍貴圖書、藝術品等集中在一起，打算運回西班牙。此時，海港中只有一艘雙桅帆船「親愛的瑪麗」號可以橫渡大西洋，船長是威廉‧湯姆森。湯姆森船長立刻答應讓西班牙的政府官員、教會高層人士以及利馬總督和主教上船。滿載著財寶和西班牙人的「親愛的瑪麗」號向著歐洲進發。誰也沒有想到，他們和他們的財寶永遠也到不了歐洲。

　　湯姆森船長早已被滿船的財寶弄得利令智昏，自從開船以來就沒有想過要把船駛回歐洲的任何一個港口。據說，最先發難的是一名大副福布斯，他唆使船員攻擊西班牙乘客，殘忍的殺害了他們，並拋屍海上。湯姆森船長這時候發揮了關鍵作用，他果斷地決定為了逃避西班牙軍艦的追捕，把船開往科科斯島。

　　他們用小船分十次將寶藏運上岸，這是63所教堂的財產，有黃玉裝飾的聖人遺骨、珍貴的燭台、273把黃金手柄鑲嵌寶石的寶劍。其中，最貴重的是真人大小、鑲嵌寶石的聖母瑪利亞懷抱聖嬰耶穌的純金塑像，約有

1噸重。這些黃金不僅僅是重量驚人，它們的藝術價值也是無法估計的。這批寶藏總計27噸黃金和白銀，按今天的估價約有4億馬克。

　　與大多數的海盜們一樣，湯姆森船長埋藏了寶藏後卻沒有機會再回來取走。在離開科科斯島幾天後，「親愛的瑪麗」號被西班牙戰艦發現，所有的海盜無一漏網，除了湯姆森船長和大副福布斯外，其餘人後來都在巴拿馬被處死。

　　西班牙人留下湯姆森和福布斯，因為他們倆肯定知道寶藏埋藏地點。可惜，狡猾的湯姆森和福布斯把西班牙人帶到一個錯誤的地點，並且成功地逃進原始森林。不過，在森林裡的生活並不輕鬆，幾個月後，有一艘英國捕鯨船路過科科斯島，他們才逃離小島。

　　福布斯很快因患黃熱病去世，而唯一知道利馬寶藏的湯姆森卻不知下落。1840年，他在紐芬蘭的聖約翰出現，貧困交加，寄居在一個名叫約翰‧基廷的朋友家裡。人們幾乎不相信這個人掌握著巨大的財富，他為什麼不去取那筆寶藏？沒有人知道其中的原因。

　　他臨終前將利馬寶藏的祕密告訴了約翰‧基廷。基廷立刻邀請自己的朋友伯格與他一同去探險，據說他們

的確親眼見到了成箱的金銀財寶，但他們沒能如願地將財寶搬運回來，而且伯格還不明不白地死去了。

基廷因涉嫌殺害伯格而吃了官司，最終以證據不足而獲釋。基廷臨終前繪製了一張藏寶圖，藏寶圖在眾多人的手中流傳，後來者又一次一次地踏上科科斯島的土地，鑽進濃密無邊的原始雨林中，德國人古斯特‧吉斯勒還在島上待了二十年之久，自1889年踏上科科斯島至1908年離開，他尋寶生涯的最終結果是找到了33塊金幣和1隻金手套。

海盜們怎麼會在科科斯島上留下這麼少的寶藏呢？是不是有更多的寶藏仍然埋在小島上或原始森林裡？

如果福布斯知道藏寶地點，他為什麼不去取這筆寶藏，而導致因貧窮病死呢？

11 張保仔的寶藏

清朝著名的海盜張保仔曾扼守瓊州海峽，專門襲擊清廷官和外國侵略者的商船，截獲了大量的金銀財寶。在廣東省珠海市的高欄島上，一直流傳著張保仔藏寶的傳說。

張保仔少年加入反清復明的紅色幫組織，後來歸順朝廷。他統治紅色幫期間，一直以台山縣上川島為根據地，劫掠了許多清廷的進寶船和過往的商船，繳獲了大量金銀珠寶。他將掠奪的財寶分為三分，天一份，人一份，地一份。天一份，祭天後用於資助當地貧民；人一份，獎勵有軍功的將士；地一份，挖地窖密藏起來以備急需。

　　據傳張保仔的巨額寶藏就埋藏在上川島，藏寶地點被他記在一個手抄本上。但如今，這個珍貴的手抄本失傳已久，留下的只是一些口耳相傳的祕訣與經驗。

　　島上的幾代人都在暗地裡尋找這一批傳聞中的珍寶，而且口耳相傳一些祕訣與經驗。比如有的人說，在初一、十五月亮上升到天空某個位置，就可以根據藏寶圖的指引，找到萬兩黃金。慕名前來此地尋寶的人如過江之鯽，但卻一直沒人能夠找到埋藏寶藏的地點。

　　在上川島沙欄心村公路兩側的山上，有一塊叫做「欖仔」的石頭。這塊石頭處在一群亂石中，形似橄欖，表面光滑如鏡。在山的對面，還有一塊灰白色的石頭，這塊石頭淹沒於綠草之中，石頭上面有一道天然裂痕，很像嫦娥清秀的蠶眉，故稱「娥眉石」。這兩塊石頭的神祕奇特之處不是石頭的形狀，而是「欖仔石」旁的一首詩。詩的內容是這樣的：「欖仔對娥眉，十萬九千四，月掛竹竿尾，兩影相交地」，據傳這是一首藏寶祕訣。

　　根據詩中記載，「欖仔石」和「娥眉石」之間埋藏有十萬九千四百兩金銀財寶，而尋找的辦法就應該是「月掛竹竿尾，兩影相交地」，可這兩句詩中到底有什

麼含義？

　　根據欄心村的老人解釋，所謂的「月掛竹竿尾，兩影相交地」是指：在有月亮的晚上，在兩石之間豎起兩根竹竿，等月亮升到竿頂時，兩根竹竿影子的相交處就是寶藏的埋藏地。而尋找寶藏的關鍵就是這兩根竹竿的位置。

　　在兩石相望的地帶，有一塊光滑的巨石，上面長滿了仙人掌，石上有一個直徑約4公分的石洞，據傳這就是其中一個插竹竿的地方。但另一根竹竿到底應該插在何處，以及竹竿的高度、兩竿間的距離，一直困擾著尋寶者，很多人不斷地在這裡嘗試挖掘，但一直沒能找到這筆巨額寶藏的所在。

　　傳說民國年間，有人來到茶灣，悄悄的向當地的一位老翁打聽扯旗山石船的地點。原來在廣東省新會地區暗傳著海盜頭領張保仔的一首藏寶詩，說張保仔的萬兩黃金埋藏在扯旗山的「錨間」。

　　這位老翁聽了以後十分高興，立即給這個人指出了一個錯誤的地點，自己則召集人手趕往扯旗山。可惜的是，這位老翁把「錨間」誤聽為「其間」，結果他在扯旗山石船附近挖了很久也不見財寶的影子，只好悻悻而

歸。待老翁走後，一直尾隨其後的新會人，在扯旗山石船尾部的一塊錨狀石下挖出了萬兩黃金。「錨」和「其」，只是一字之差，卻使老翁損失了萬兩黃金。

上川島處處有寶。據傳由於這筆寶藏數額多，也出於安全考慮，張保仔將寶藏埋藏在上川島及附近島嶼的十幾處。除扯旗山的這個藏寶地點外，在上川島以及附近島嶼的十幾處，如鹽灶、七盤山、馬山、公灣等。此外，傳說在香港的土瓜灣海心廟、長洲、南丫島榕樹灣、大嶼山、赤柱春坎角、牛池灣和鯉魚門等地，也有張保仔的藏寶洞。

由於藏寶地點眾多，張保仔不得不用手抄本來記錄藏寶地點，但這份手抄藏寶祕籍已經下落不明，張保仔的巨額寶藏只有沉睡其間。

近兩個世紀以來，上川島及其周圍島嶼的藏寶傳說，吸引了無數人前往尋寶，卻很少有人能夠真正找到寶藏的所在。張保仔所藏的巨額寶藏仍沉睡在地下，等待著重見天日的那一天。

Part

3

聖神寶藏之謎

01 猶太人的神殿寶藏

埃及發現了一幅古代卡爾納克浮雕作品，浮雕上再現了所門羅的204件珍品。考古學家推算，要製成卡爾納克浮雕上反映的204件珍品，需要數噸黃金和白銀。他們根據這204件珍寶估算，所羅門寶藏的價值超過1億美元。

公元前11世紀，猶太國王大衛統一以色列和猶太，建立起以色列——猶太王國，將耶路撒冷定為首都和宗教中心。

大衛死後，他的兒子所羅門即位。所羅門統治時期，是猶太王國的鼎盛時期，他在耶路撒冷錫安山上建造豪華的宮殿和神廟。《聖經》上記載，所羅門建造神

殿歷時七年。神殿坐西朝東，長200米，寬100多米，建築結構嚴謹，造型美觀，內部裝飾極其華麗。

「亞伯拉罕聖岩」懸置在神殿中央的半空中，「亞伯拉罕聖岩」長18米，寬2米，是一塊花崗石，下面用大理石圓柱支撐著，下面的「岩堂」高達30米。「岩堂」裡設有祭壇，壇上擺著聖箱，裡面存放著刻有「摩西十戒」的石塊和「西奈法典」。聖箱用黃金製成，所以稱之為「黃金約櫃」，它被古代猶太人視為關係著猶太民族興衰存亡的「鎮國寶物」。

這座神殿成為古猶太人宗教和政治活動的中心，教徒們都去那裡朝聖和獻祭敬神。這些來膜拜的猶太人和外國人給所羅門帶來數不盡的貢品。

據說，所羅門每年收到各個屬國送來的黃金大約有99900公斤。他住的宮殿裡的門窗、牆柱、祭壇、桌椅，以及一切生活用具，都包著一層厚厚的金箔或黃金。他到底擁有多少財寶一直是個謎。後來，所羅門將所有金銀珠寶存放在「亞伯拉罕聖岩」下方的祕密隧道裡。聖殿從建成到毀滅，歷時大約400年，經歷了幾十代君王。他們聚積了大量的金銀財寶都存放在聖殿中，這些君王的財寶就是歷代相傳的「所羅門寶藏」。

　　所羅門死後，他的繼承者耶羅波安執政，以色列北部的人們在他的領導下，攻陷耶路撒冷城，將撒馬利亞城設為首都，建立起以色列王國。而南部的猶太人仍以耶路撒冷城為首都，建立猶太王國。從此，以色列——猶太王國分裂。

　　公元前586年，耶路撒冷城被巴比倫國王尼布甲尼撒率領的軍隊攻陷，猶太王國滅亡，大多數猶太人被俘擄到巴比倫。

　　巴比倫軍隊攻佔耶路撒冷後，在聖殿裡沒有找到「所羅門寶藏」和「黃金約櫃」，一氣之下將城中的王宮和神殿付之一炬，變成了廢墟。

　　那麼，聖殿中的聖物和這些金銀財寶，到底流落到哪裡去了呢？

　　猶太教的《塔木德》一書中說：巴比倫軍隊還沒攻進城，「黃金約櫃」和刻有「摩西十戒」的兩塊大石板就被藏到「亞伯拉罕聖岩」下面的祕密隧道裡。

　　還有另一種傳說：真正的「黃金約櫃」早已經不在耶路撒冷，被收藏在埃塞俄比亞古都阿克蘇瑪的一座古寺裡。據說是所羅門的一個兒子從耶路撒冷偷出了真的「黃金約櫃」，又做一個假的「黃金約櫃」放在聖殿

裡。但是大部分珍寶和聖物還是落入了巴比倫人的手中。

《聖約・但以理書》中有這樣一段記載：「一日，尼布甲紀撒之子伯沙撒王大宴群臣，歡飲之間，他吩咐下人將他父親從耶路撒冷聖殿中掠來的金銀器皿拿出來盛酒飲用。群臣讚不絕口。這時，牆上突然出現了一行誰也不認識的奇怪的文字，伯沙撒王找來猶太人但以理。但以理解釋說，這些字的意思是『神已算出你的國家將到此結束』。果然不出所料，不久巴比倫就被波斯滅亡了。」

波斯國王居魯士，攻佔巴比倫城後，釋放了被囚禁在巴比倫的猶太人，約四萬多猶太人回到了耶路撒冷，重建了耶路撒冷神殿。

聖殿建好後，居魯士又將原來從巴比倫人那裡掠奪來的金銀財寶也歸還給了猶太人，讓他們仍安放在聖殿中。但此後這些珍寶的命運並不安穩。

公元前217年，希臘人又攻入耶路撒冷城，掠走了聖殿中的許多財物。儘管後來猶太人打敗了希臘人，但那些被搶走的寶物卻無法找回了。

公元前70年，耶路撒冷聖殿被羅馬大軍摧毀，羅馬統帥泰特斯將聖殿中的物品全部運回羅馬。後來，北非

的汪達爾人又洗劫了羅馬城，把聖殿中的珍寶帶到了迦太基。幾十年後，汪達爾王國又被拜占庭帝國消滅，這些寶物又被運到拜占庭的首都君士坦丁堡。

有人對拜占庭皇帝查士丁尼說，這批聖物已經導致了羅馬和迦太基的覆滅，我們不能佔有它們，應該把它們送回耶路撒冷。查士丁尼聽從了這個建議，派人將珍寶送往耶路撒冷。然而，這些寶物在送往耶路撒冷的途中卻失蹤了。

「所羅門寶藏」的下落，人們眾說紛紜。有人說，運送寶物的船隻遇到風暴沉入了地中海，寶物至今仍在水下。

還有人說，實際上汪達爾人並沒有從羅馬城將珍寶奪走，在汪達爾人沒來之前，哥特人在公元410年就進攻過羅馬城，混亂中，城裡的猶太人趁機進入皇宮，將這些財寶取出藏了起來。後來，又擔心藏不住而將寶物投入了台伯河，現在它們仍在河床下的淤泥裡。

歷史學家說，耶路撒冷聖殿中的財寶並不止這些。推測當時的情況，很可能是當羅馬大軍在圍困耶路撒冷城時，聖殿中的祭司們就已將這些珍寶埋藏了起來，泰特斯掠走的只是「所羅門珍寶」中很少的一部分，大部

分珍寶仍被藏在耶路撒冷某個祕密的地方。

20世紀中期，考古學家們在死海邊的庫姆蘭發現了大量的古代經卷和文件，其中有一件銅卷上清楚地記載著多種聖殿珍寶的名稱、數量和埋藏地點。這就證實了歷史學家的推測是正確的。

二千多年來，尋找「所羅門寶藏」和「黃金約櫃」的活動一直沒有停止過。猶太祭司耶利來是第一個開始尋找這些財寶的人，當耶路撒冷淪陷時，耶利來躲了起來，沒有被巴比倫人抓走。

巴比倫人離開後，他來到聖殿的廢墟裡，開始尋找「黃金約櫃」。他在廢墟裡，只看見了「亞伯拉罕巨石」。據說「黃金約櫃」當初就被放在這塊巨石之上，「黃金約櫃」和「所羅門寶藏」可能就藏在「亞伯拉罕巨石」底下的暗洞裡。

所羅門擔任國王時，經常派船出海遠航，每一次回來都金銀滿艙，所以人們紛紛猜測，在大海中必定有一處「寶島」，所羅門的黃金就是從那個「寶島」運來的。1568年，西班牙航海家門德納率領一支考察隊，踏上一個

不知名的海島，看見土著居民都戴著黃金飾物，以為找到了傳說中的「寶島」，於是把這裡命名為「所羅門群島」。此後，很多歐洲人跑到這裡尋找「所羅門寶藏」，但是都一無所獲。

1876年，英國軍官沃林在耶路撒冷近郊參觀遊覽，在一座清真寺的遺址中，偶然發現了一個有石梯的洞。他順著石梯一直往下走，一直走到洞的深處，發現了一條暗道，順著暗道走進另一個黑漆漆的狹窄山洞。當他順著山洞走到外邊時，往四下一看，大吃一驚。他發現自己已經站在耶路撒冷城裡了！

有人認為，這條祕密的地下通道建於公元前2000年左右，並推測它就是傳說中的「約亞暗道」。

據說在巴比倫人攻佔耶路撒冷時，猶太人把「黃金約櫃」和寶物藏進這條暗道裡。

20世紀30年代，又有兩名美國人理查德·哈利巴頓和摩埃·斯蒂文森來到暗道尋找「黃金約櫃」和「所羅門寶藏」。他們在「約亞暗道」裡一處土質不同的地方發現了一條祕密地道，地道裡有被沙土掩埋著的階梯。

兩人想用隨身帶著的鐵鍬把沙土挖開，但是，階梯上的流沙卻越挖越多，地道口幾乎都被堵住了。他們慌忙逃

出地道。第二天，他們下來時發現，地道的入口又被流沙蓋上了。

沒過多久，理查德‧哈利巴頓乘小船在太平洋遭遇風暴身亡，從此，再也沒人知道那條神祕暗道的具體位置。

直到今天，「所羅門寶藏」和「黃金約櫃」究竟在什麼地方？仍然是一個難解之謎。

02 法國聖殿騎士團的寶藏

阿爾日尼古城堡位於法國羅納省夏朗泰市，城堡的主人是雅克・德・羅斯蒙伯爵。1950年，一位英國上校來拜訪羅斯蒙，他自稱是英國一個教會的代表，專程來和羅斯蒙洽談購買阿爾日尼城堡，他給出了一億法郎的高價。可是，出人意料的是，羅斯蒙卻拒絕了他的要求。

一個破舊的古城堡為什麼如此值錢？人們猜測這與當地的一個傳說有關，人們根據在城堡裡發現的聖殿騎士團的神祕符號，推斷聖殿騎士團的金銀珠寶、聖物和聖殿騎士團神祕檔案就埋藏在阿爾日尼古城堡裡。

　　聖殿騎士團是法國的幾個騎士，為了保護朝聖者和保衛耶路撒冷拉丁王國，因此成立了一個宗教軍事修會。

　　聖殿騎士團成立後，擁有封地、城堡並且開辦銀行，是歐洲早期的銀行家。他們還利用特權對教徒敲詐勒索，接受朝聖者的捐贈，多年來積聚了可觀的財寶。他們熱衷祕術，經常參與政治陰謀活動，引起歐洲各國國王和其他修會的不滿，羅馬教皇被迫宣佈解散聖殿騎士團。

　　法國國王想透過打擊聖殿騎士團，沒收其財寶，解決財政危機。於是，下令逮捕所有在法國的聖殿騎士團成員。當時在獄中的聖殿騎士團大祭司雅克・德・莫萊得知這一消息後，祕密地把侄子雅克・德・博熱叫到獄中，將自己的職位傳給博熱，讓他拯救聖殿騎士團，保護好聖殿騎士團的財寶。他告訴博熱一個驚人的祕密：「前任大祭司的墓穴裡，埋葬的不是遺體，是聖殿騎士團的檔案。透過這些檔案，就能找到騎士團的聖物和財寶。」

　　檔案裡記載的藏寶包括耶路撒冷國王們的王冠、索羅門的七支燭台和四部有聖・塞皮爾克勒插圖的金福音。這些財物藏在祭司們的墓穴入口處祭壇的兩根大柱

子裡。這兩根柱子的頂部能自由轉動，在空心的柱身裡藏著聖殿騎士團積蓄的巨額財寶。

雅克‧德‧莫萊大祭司被處死後，博熱利用莫萊的棺材作遮掩，取出檔案，找到了聖殿騎士團教堂大柱子裡的藏寶處，取走了黃金、白銀和寶石，他把這些財寶藏進棺材裡，埋藏到只有幾個心腹才知道的地方。

這些財寶是用聖殿騎士團內部的神祕符號和祕密宗教儀式來隱藏的，要重新取出這些財寶，必須能夠準確地破解神祕符號。千百年過去了，對於聖殿騎士團巨額財寶的下落眾說紛紜，最終成了一個難解的歷史之謎。

密碼學家克拉齊阿夫人，對聖殿騎士團的神祕符號非常感興趣，特意來到阿爾日尼城堡實地考查，她在城堡裡見到了與藏寶地點密切相關的神祕符號，這些神祕符號從城堡大門的雕花板上開始出現，一直延續到阿爾錫米塔樓才消失。她從這些神祕的符號中認出一個埃及古文字符號，這個符號的意思是：這裡除了有宗教聖物外，還有一筆金銀財寶。她相信聖殿騎士團的財寶就在這座城堡裡。

克拉齊阿夫人破解關鍵符號後，又經過一番實地考察，她認為藏寶的玄機就在阿爾錫米塔樓的窗戶上。

　　阿爾錫米塔樓上有八扇又小又高的三葉形窗戶，有一扇窗戶是用水泥和石頭砌成的。打開這扇窗戶後，在6月24日這一天，觀察射進這扇窗戶的光線，兩點至三點的陽光可能起著決定作用，它可能會照射在一塊顯示出具有決定性符號的石頭上。這是克拉齊阿夫人的猜測。

　　巴黎一位對尋找聖殿騎士團財寶感興趣的工業家尚皮翁，曾經在祕術大師阿芒‧巴波爾和對聖殿騎士團有研究的作家雅克‧布勒伊埃的指導下，對阿爾日尼城堡進行過發掘。可是由於對刻在建築物上的神祕符號始終沒有破解，結果一無所獲。

　　法國「尋寶俱樂部」根據最新發現的線索，認為聖殿騎士團的財寶可能不在阿爾日尼古城堡，有可能隱藏在法國夏朗德省的巴伯齊埃爾城堡，因為那裡也發現了許多令人迷惑不解的聖殿騎士團的神祕符號。

　　巴伯齊埃爾城堡四周曾有三大塊聖殿騎士團的封地，人們在其中的利涅封地挖掘出一座墓穴，墓穴裡的一些石頭上刻著聖殿騎士團的神祕符號。有人據此推測，在法國國王追捕聖殿騎士團成員期間，曾經有一支聖殿騎士團的

小分隊，在這裡生活了很多年，這支小分隊執行的任務似乎跟保護藏寶有關。

在法國盧瓦爾的瓦克奧茲城堡的牆上，人們也發現了聖殿騎士團的神祕符號，也傳出了聖殿騎士團把財寶隱藏在那裡的說法。還有人認為，在法國都蘭的馬爾什也有可能會找到聖殿騎士團的藏寶，因為那裡以前曾是聖殿騎士團的祕密「金缸窖和銀缸窖」所在地。聖殿騎士團的心腹成員，曾在需要時從中取出必要的錢財，這裡可能是最好的藏寶地點。

人們對聖殿騎士團藏寶做出種種猜測，但是一直沒有人找到確切的藏寶地點，聖殿騎士團會把巨額寶藏埋藏在什麼地方？謎底就像刻在石頭上的神祕符號一樣令人難以捉摸。

03 馬雅人的「聖井」寶藏

　　在距離奇琴・伊察城15公里遠的地方，有兩個天然泉瀑布，水從40多米深處奔湧而出，形成兩眼直徑達60米的天然大水池。

　　令人不可思議的是，這兩個泉瀑儘管表面上看來沒有太大的區別，但實際上卻是完全不同。一個池子水質甘美，一個池子渾濁幽黑。馬雅人用其中的一個水池的水灌溉農田和飲用，而把另一個奉為「聖井」。

　　馬雅人認為，雨神就住在這水池下面，他們相信雨神娶婦的說法，為此犧牲了最美麗的馬雅女孩，投入無數珍貴的寶物，由此留給尋寶者謎一樣的馬雅「聖井」。

幾百年後的一個牧師斷言：如果說這個國家有黃金和財寶，那麼應該都埋在這兩口「聖井」裡。

馬雅人為了表示對雨神的崇拜，在「聖井」邊用大理石建造了一座宏偉壯觀的金字塔，即舉世聞名的庫庫爾干金字塔。此塔高30米，邊長55.5米，塔的四面各有91級台階，四面共有364級，加上最上層的平台，正好是一年的天數。

在馬雅傳說中，庫庫爾干神又是羽蛇神的化身。在每年春分和秋分的清晨，陽光照射在金字塔東側時，人們便可以看到在金字塔的階梯兩側，呈現出光和影組成的羽蛇圖案。它沿著階梯緩緩向下移動，像一條巨蛇從天而降，最後融入一片光明之中。

馬雅人對雨神極為崇拜，每到春季都要舉行盛大的祭獻儀式。每當祭獻的日子，國王都要將挑選出來的一名十四歲的美麗少女投入這口通往「雨神宮殿」的聖井，讓她去做雨神的新娘子，向雨神乞求風調雨順。在獻美女的同時，祭司和貴族們也會把各種黃金珠寶投入聖井，以示誠意。

馬雅人突然消失之後，傳說中這口聚集著巨大寶藏的聖井也漸漸被荒野叢林所湮沒。

　　19世紀末，有個名叫湯普遜的人試圖尋找這口「聖井」，他曾連任二十五年美國駐尤卡坦半島的領事，對馬雅遺跡研究了四十年。

　　據說，有一次湯普遜在聖井旁的神廟中散步時，無意中發現神廟地板中間的一塊大石板，敲打時有空洞聲。他將石板撬開，下面竟一個寬敞的地下室，室中有一個大石礅。

　　他使勁的將大石礅挪開，下面露出一個巨大的洞口，洞裡有條4米長的大蟒蛇正在張牙舞爪的向上看著他。湯普遜用隨身帶來的獵槍打死了大蟒蛇，然後跳進洞裡。他發現，洞裡的地板上還有兩具被大蛇攔腰咬斷的人的骸骨，死人的骸骨下面還鋪著一塊大石板。

　　他把石板撬開，下面又是一個豎洞，就這樣湯普遜連續撬開五塊石板。當他撬開第五塊石板時，下面露出一條鑿在岩石上的階梯。從階梯一直走下去，就通向一間人工鑿出來的石頭房子，階梯上和房子裡到處都是木炭。

　　湯普遜把這些東西清理乾淨後，發現在地板上放著一塊非常大的石板。他憑藉著全身的力氣把石板挪開，結果下面又露出一個大約15米深的豎洞。洞的地板上有無數用玉石和寶石雕刻的花瓶，用珍珠製成的項鍊和手

鍊。

1903年，湯普遜把神廟中發現的寶藏公諸於世。但是湯普遜雖然找到了離聖井近在咫尺的這個人工洞穴，也發現了一些洞中隱藏的珍寶，卻並未找到真正的馬雅人的聖井。

有一名叫丹尼爾的法國人，看過湯普遜公佈於眾的聖井資料，他下定決心，一定要找到聖井。

1977年7月中旬，丹尼爾來到奇琴·伊察。他和嚮導在此處勘察了十多天，後來見到一大片荒蕪的密林和一條隆起的道路。

他們在密林中披荊斬棘，逐漸走進密林的深處，丹尼爾突然被一條巨大的籐條絆了一跤，爬起來時，他發現前面不遠處有一塊幾乎被野草完全掩蓋的石碑，丹尼爾意識到此處肯定隱藏著祕密。他連忙撥開那些荒草和緊緊纏繞著石碑的爬籐，發現石碑雕刻的是一個女子伸出雙手迎接雨水。丹尼爾認為眼前的這座石雕是馬雅人的聖井遺跡。

為了以後繼續勘察，他馬上從口袋裡掏出筆記本想畫下一個大概的方位圖。就在他往日記本上做記錄時，突然聽到從遠處傳來嚮導驚恐萬分的救命聲。丹尼爾趕

緊跑過去，原來，那個可憐的嚮導誤入了一片沼澤地中。等丹尼爾趕到時，泥漿已埋到嚮導的胸部，儘管他伸出雙手拚命掙扎，但只能眼睜睜沉入了渾濁的泥潭。

嚮導的死並沒有阻擋住丹尼爾尋寶的腳步，他堅信自己終有一天會揭開聖井的祕密，據說，後來丹尼爾還真的掌握了那個聖井的祕密，但這個消息不知怎麼傳到了美國的黑手黨「黑鷹」那裡。

1987年，「黑鷹」組織的頭目班傑明找到丹尼爾，開價一百萬美元向丹尼爾購買聖井的祕密，遭到丹尼爾的拒絕。班傑明綁架了丹尼爾。

幾天後，班傑明和丹尼爾一行六人來到奇琴‧伊察。當他們累得精疲力竭休息時，班傑明卻掏出了槍對準四個同夥中的一個連開四槍。原來，他想在找到寶藏之前一個個殺人滅口。丹尼爾明白，找到聖井之日，就是他的死期。

丹尼爾想到一個逃脫魔掌的計策。丹尼爾想起他1977年單獨來到這裡時，當地印第安人把他帶來泉水旁，告訴他：這個泉的噴發，是有規律和徵兆的，每當它突然噴發之前，周圍岩石的縫隙會冒出一種白霧狀的水氣泡，用不了幾分鐘，滾燙的泉水就會突然噴發出來。

　　一天早晨，他把那幾個綁匪領到一個間歇泉旁。然後，坐下來讓他們休息。丹尼爾心裡一直在想，印第安人的話是不是真的？如果不是，他往下該怎麼辦呢？過了一會兒，丹尼爾發現縫隙間冒出縷縷白霧。他對班傑明說：「我要到山下那塊大石上，判斷一下方向。」班傑明命令一個叫哈特的人監視他。

　　丹尼爾沿著陡峭的石壁向上攀去，哈特寸步不離。丹尼爾終於抓住一個機會，突然用力飛起一腳，把哈特踹下山崖。

　　在山下泉水旁休息的班傑明，目不轉睛的盯著丹尼爾的一舉一動，哈特飛下山崖的剎那間，班傑明立刻掏槍射擊，丹尼爾躲閃不及身中數槍。與此同時，班傑明周圍的岩石縫隙噴出股股滾燙的水柱，班傑明等人還沒弄清楚是怎麼一回事，還沒來得及躲閃就被滾燙的泉水吞沒了。

　　丹尼爾拚命爬上了崖頂。他知道自己的時間不多了，用顫抖的手在日記本上寫道：「給人帶來具大誘惑的是寶藏，給人帶來致命結局的也是寶藏。」後來，有個美國考古學家在崖頂上發現了丹尼爾的遺體和日記本，但是，聖井中的寶藏始終沒有找到。

那些
被神遺忘的
神祕寶藏

　　馬雅人的聖井不僅僅是一個傳說，看起來它是真實存在的，如果它存在，它會在哪裡？馬雅人突然消失之後，這口聚集著巨大寶藏的聖井怎麼可能被荒野叢林湮沒呢？

　　神祕的馬雅人，神祕的馬雅人聖井寶藏，世人什麼時候才能夠破解他們留下的那些祕密。

04 夏朗德修道院的寶藏

夏朗德位於法國西南部，雖然只有一千多名居民，但也是一座歷史名城。法國海軍中尉羅日·德·卡爾博尼埃男爵佔領夏郎德之後，不僅放火燒燬了夏朗德修道院，還屠殺了修道院裡所有的修道士。

屠殺之前，修道士們已經預感到大難臨頭，十分謹慎地把聖物和財寶隱藏了起來。結果，修道院裡的修道士全部遇難，沒有留下一個活口，這批聖物和財寶也隨之成了千古之謎。

幾百年來，夏朗德的居民經常會奇蹟般的發現閃閃發光的金銀財寶和各種罕見的聖物。

而且每隔七年，在春暖花開的季節總有不少宣稱

「修道院的珍寶將出現在聖體顯供台下」的佈告，張貼在夏朗德的大建築物正門和古老市場的柱石上。令當地人心存異動，又不知所措。這使人們更加堅信，此地一定埋有一筆寶藏。但是它們究竟埋藏在何處呢？

四百多年前的夏朗德人，不知道是出於什麼動機和目的，把這座小城的地下挖成了縱橫交錯的地下網道，其複雜程度不亞於現代的迷宮。這些地下網道大部分都跟地面建築物相通，一部分地下網道與城堡相連，一部分地下網道與修道院、教堂相接，另一部分地下網道則與住宅、莊園相通，而地下網道之間又彼此相連。

最近幾十年，有的地下通道因年久失修坍塌了，剩下的大多數通道被居民們用水泥砌成的厚牆隔斷，所以要清理發掘這些地下通道幾乎是不可能。

克萊蒙家族一直流傳著他們祖輩，在四百多年前的一次奇遇：1562年，年輕的牧羊人克萊蒙為了逃脫胡格諾派教徒的迫害，躲進夏朗德附近的一個山洞中。他在山洞裡偶然發現了一個地下通道網。他沿著其中一條地道一直走了兩天以後，發現有一個出口就在離夏朗德4公里處，一個極為隱蔽的地方。

據克萊蒙敘述，這條地道很寬，可以讓一名騎士騎

著馬順暢的通過。地道裡還有一大一小兩座教堂，大的可能屬於夏朗德城的楠特伊・昂・瓦萊修道院，小的也許屬於夏朗德的聖索弗爾修道院。

這些地道結構是非常複雜的，它的作用可能是藏寶、作戰、修道等。法國作家馬德萊娜・馬里亞還把這一傳說寫進了《夏朗德人的故事和傳說》一書之中，此書被列為尋找夏朗德城珍寶的參考書之一。

距離夏郎德4公里外，有一個巴羅尼埃小村莊，村裡的維爾太太說：「五十年前，我父親對我講，山洞裡有一條可以通到山岡底下的地道。他曾在地道裡看見過一座很高的大廳，像教堂一樣，四周有一百個凳子。這個地下工程一直延伸到很遠的地方，可以通向夏朗德城的楠特伊。」故事裡所講述的情況與克萊蒙看到的完全相同，這更進一步印證了克萊蒙家族後人的傳說。由此可以推斷，當初不止一人進入過這條地下通道。

據當地記載，聖索弗爾修道院當年曾修築有一條20公里長的地下通道，可以直達夏朗德城的楠特伊・昂・瓦萊修道院。因此，如果這個神祕的地下通道網，確實像牧羊人克萊蒙所講的那樣，那麼夏朗德修道院的財寶，尤其是那些體積大、價值昂貴的財寶和聖物珍品，

像金盤子、枝形大燭台、餐器等，很可能都藏在那裡。

前幾年，夏朗德有一群孩子在玩捉迷藏遊戲時，在佩里隆家所在地區的一幢老房子下面發現了一條地道。孩子們非常好奇，他們偷偷溜進地道中，藉著手電筒的亮光，沒走多久就發現遠處有一個帶三個跨度的拱頂大廳，裡面還有一個石頭祭台。有人猜測，它很可能是一座地下教堂。

當初夏朗德人為什麼要把教堂修到地下呢？是出於什麼目的呢？

有人認為是出於一種宗教虔誠，是想表明不但在地上，而且在地下人們都供奉上帝；還有的人認為小教堂也許是一種標誌，很可能是指明財寶藏於何處的標誌。遺憾的是，從這個被認為是地下小教堂大廳延伸出去的地道已經有三分之一的地方被塌下來的土所填滿。所以，儘管人們眾說紛紜，但再也無法考證。

那幢房子主人的孫子說，他小時候曾跟著父親在這等沒完沒了的地道中走了一兩公里，直到夏朗德河附近時才發現地道早已被填塞。他父親經過仔細觀察後認為，過去

有人也曾進入過這個地道，他們很可能發現了一筆財寶，但在挖掘時，由於誤觸了機關而使地道塌方，結果人財兩空。

許多人都相信這一看法，也有好奇者慕名來此，想進入地道看看到底有什麼機關。但遺憾的是，這個地方的女主人拒絕任何人進入，這就使進一步的探索無法進行。

當地人還說，有一條從一個穀倉底下開始的地道，可通到聖尋弗爾修道院及其四周附屬的八座教堂。這條地道朝這座房子方向的另一條支道，可通往一座地下小教堂，從那裡又可以繼續通往巴羅尼埃村附近的一個山洞。在這個山洞裡還有一個入口，可直達地下大教堂，在大小教堂底下還有一些地道通往不知名的地方，也許那筆巨大的寶藏就埋藏在此處。

夏朗德這座古城，不僅佈滿迷宮一樣的地下網道和大小教堂，而且還埋藏著中古時代流傳下來的一筆無法估價的珍寶。幾百年來，它讓一代代尋寶者遐想聯翩，但至今仍沒有人能夠找到。

05 死海古卷寶藏

死海位於耶路撒冷以東25公里和特拉維夫以東84公里處的約旦河谷南端，是世界上最低的內陸湖。

死海的水具有全世界最高的含鹽量和密度，比通常的海水鹹10倍。因此，死海一帶的空氣中含有世界上含量最高的具鎮定作用的溴，這樣的空氣不僅是治療呼吸系統疾病和進行日光浴的絕好場所，也是古代人隱藏物品的最好地點。近半個世紀以來，死海之所以一直備受世人關注，並非因為它是世界上最大的「床」，而是因為在死海的庫姆蘭發現了「死海古卷」。

那麼，死海古卷到底是怎麼一回事呢？

　　1947年3月，小牧童阿狄布丟了一隻羊，對小孩子來說，這是一件大事。他為了找到這隻羊，走了很遠的路，來到死海西北角的一個叫庫姆蘭的地方。他邊走邊四處張望，當他抬頭看到高處的懸崖絕壁上有一狹窄的洞口，這個調皮的小牧童隨手撿幾塊石子扔了進去，突然他聽到洞裡好像有東西被擊碎的聲音。

　　他馬上把小夥伴阿美·穆罕默德找來，兩人一同鑽進洞裡。進洞之後，他們發現裡面的沙土下有一些高的圓陶罐和一些破陶罐碎片。這兩個孩子猜測陶罐裡一定藏著值錢的東西，他們迫不及待地打開陶罐，卻大失所望，裡面並沒有他們期待的黃金和珠寶，只有一卷卷用麻布裹著的黑色發霉味的東西。其中有十一幅卷軸用薄羊皮條編成，外面蓋著一層腐朽的牛皮。

　　他們把卷軸打開，發現上面密密麻麻寫滿了字。兩個孩子不知道這到底是些什麼東西，於是，便拿了幾捆羊皮捲到耶路撒冷去賣，得到一點錢。

　　這兩個孩子發現的就是後來被稱之為無價之寶的「死海古卷」。

　　雖然當初巴勒斯坦文物部的一位官員認為那些東西「一文不值」，但幾經周折，第二年這些東西到了耶路

撒冷古城聖馬可修道院敘利亞東正教大主教阿塔那修・塞繆爾的手中。他仔細研究了羊皮捲上的文字後大吃一驚，他認出來這是幾篇最古老的希伯萊文《聖經》的抄本，便立即找到發現古卷的兩個男孩，讓他們把山洞裡的羊皮卷都拿出來，然後全部買走。與此同時，耶路撒冷希伯萊大學的考古學家蘇格尼克教授知道這一消息後，設法從一個牧民手裡購買到了三卷羊皮古經書。

很快，阿狄布發現「死海古卷」的消息在世界各地傳開。許多國家的考古學家、歷史學家和宗教界人士聞訊紛紛前往庫姆蘭山谷進行發掘，其中最大的一次發掘是從1948年下半年起，由法國天主教和約旦文物部共同組織的。

經過三年的多次發掘，他們在庫姆蘭山谷又找到了大約40個洞穴，其中11個洞穴中有經卷，共發現古經卷600多種，其中數十卷較為完整，另外還有數以萬計的殘篇碎片。

後來，一些當地的牧民也開始在死海沿岸展開搜索，他們又找到10個洞穴，發現了更多卷軸和殘卷。

那麼，這些古羊皮經卷是什麼時候被藏在這裡的？上面到底寫了些什麼內容？

　　美國約翰・霍普金斯大學考古學家威廉・奧柏萊博士在鑑定古卷的卷軸之後，認為其年代應在公元前100年左右。而芝加哥核子研究所的專家們，確定這些古經卷產生的時間是在公元前250年到公元68年之間，距現在已經二千多年了。

　　專家們發現這些古卷中大多數文件和碎片都用希伯萊文寫的，少數是希臘文，其中有些尺寸還不及一枚郵票大。這些古卷包括五百多種遠古經書，內容主要是《聖經》抄本以及其他一些希伯萊文、拉丁文、希臘文文獻。大致可分為以下幾類：

　　一、《希伯萊聖經》共有39卷，其中除《以斯帖記》其他各卷都有全部或者部分的抄本。這些抄本對於斷定古卷的年代和研究《聖經》的翻譯情況具有重要的參考價值。

　　二、從公元前2世紀到公元1世紀在猶太人中廣泛流傳的經書，如《多比傳》、《所羅門智訓》、《以諾書》《巴錄啟示書》、《禧年書》等。

　　三、《聖經》的註釋和評論。

　　四、庫姆蘭社團法規。它們主要是記述當初居住在庫姆蘭的人們的宗教活動、遵守的行為準則以及舉行的

禮拜儀式等文獻。

五、感恩詩篇以及其他文獻，包括文書、信件等。

六、還有兩卷特殊的古卷：一卷刻在銅片上，由於銅卷銹蝕嚴重，不得不將它鋸開成條，上面記載的是耶路撒冷聖殿財寶的名稱、數量和埋藏的各個地點；另一卷是長達28英尺，有66欄經文的《聖殿商卷》，詳細記述了耶路撒冷聖殿的建造結構和裝飾，以及有關獻祭、守節、潔淨禮儀方面的一些具體規定。

除經卷外，在洞穴、遺址及周圍一帶還發現不少的陶器、錢幣、武器、農具、生活用具。在距離第一個洞不到600米的地方，發現了一座道院的廢墟，裡面有一張長寫字檯和長凳、兩個墨汁瓶和一些陶罐。

那麼，是誰把這些古卷藏在庫姆蘭的山洞裡，他們又為什麼要這樣做呢？經過專家們長期對死海古卷的整理和研究之後，提出了種種設想：

有人認為，發現古卷的這一地帶原來可能是古猶太人的一個圖書館，否則不可能藏有如此浩繁、包括各種派別的經籍。

有人認為，這裡可能是一個抄經寫經的場所，後來大概遇到什麼突發事件來不及轉移，而使大批經卷保存

在這裡。

也有人認為庫姆蘭當時是猶太人的一個軍事要塞，公元1世紀猶太人起義反對羅馬人的統治，在同羅馬大軍決戰時，為了防止這些重要經籍散失或被毀，就將它們集中存放在庫姆蘭一帶。後來猶太人起義遭到失敗，他們在逃亡之前就把藏有經卷的洞穴封起來。於是，這批經卷就在庫姆蘭山洞中保存了下來。

還有一種意見認為，庫姆蘭是猶太教艾賽尼派社團的集中居住地。公元前1世紀，艾賽尼派因贊成彌賽亞運動，反對馬卡比王朝而受到迫害，紛紛逃至邊遠山區。有些信徒來到庫姆蘭一帶，他們過著一種公社式的宗教集體生活，並收集和抄寫了大量的宗教文獻典籍。羅馬大軍進入巴勒斯坦後，為了避免受到迫害和擔心《聖經》抄本散失，就把它們裝入陶甕封藏在周圍懸崖的洞穴中。

後來猶太人被羅馬人打敗後，艾賽尼派也遭到殺戮，庫姆蘭社團被徹底毀滅之後，此地成為一片廢墟。歲月流逝，那些存放在洞穴中的經卷也就湮沒於死海的荒漠之中，直到近二千年之後才被人發現，重見天日。

那麼，死海古卷的發現有什麼意義，它的價值又在

哪兒呢？

　　首先，現在世界各國流傳的《舊約聖經》最古老的全集抄本，時間是在公元1010年，最古老的單卷抄本是在公元9世紀才確定的「馬所拉文本」。

　　作為猶太教和基督教最重要經典的《舊約聖經》，在長期的口傳和傳抄中難免會發生一些錯漏和謬誤，而「死海古卷」中的《聖經》抄本卻從未經後世修改、增刪，保留了最古老的原本樣式，因此可以作為更權威、更準確的文本來對現行的《舊約聖經》進行校訂。因為誰都知道，假如沒有權威的古文本為依據，任何人都不敢對《聖經》做任何改動。所以，世界上所有的信徒們都企盼著將來能在研究死海古卷的基礎上，出版一種新的校勘本。

　　其次，由於死海古卷中有很多不同文字的抄本，對歷史和語言學家研究古代語言文字的發展演變是非常珍貴的。

　　還有，自古以來，人們對猶太教艾賽尼派知之甚少，人們也僅僅知道該派是當時猶太人中的四大派別之一。然而，這次發現的「死海古卷」中有大量關於艾賽尼派情況的資料、社團法規、感恩詩篇，還有他們描寫

光明之子與黑暗之子戰爭的作品。這對以後瞭解和研究艾賽尼派的宗教思想和社團生活是非常珍貴的。

再有，「死海古卷」不僅對研究基督教與猶太教之間的關係，以及兩者之間在教義、經典、儀式、組織形式等方面的聯繫也具有特殊的意義。對研究古代西亞地的社會生活、政治制度、經濟狀況、文化藝術、民族關係等許多方面，也都是極其珍貴的材料。

但是目前死海古卷還有幾個謎等待人們去解開：

第一，在死海古卷裡有兩卷最為奇特的刻在銅片上的古卷，而在這卷銅片上，恰恰記載的是耶路撒冷聖殿寶藏的名稱、數量和埋藏的各個地點。如果人們能夠準確地解讀這兩卷銅片，那就能找到人類歷史上最具精神文化價值的聖殿寶藏。但因為這是兩千年前的古銅卷，發現時已嚴重鏽蝕，有關人員不得不將它鋸開成條。遺憾的是，銅卷被鋸成小條之後，卻再也無法完整地拼湊起來，以致人們至今還無法識別寶藏的地點。

第二，庫姆蘭地區已被發現的古卷雖然已數量驚人，但是未被發現的到底還有多少呢？

　　第三，儘管以色列政府在1969年撥鉅資在以色列門建造了「死海古卷館」，儘管來自世界各地參觀的人們可以看到被置於玻璃展櫃中的極少古卷的原件，儘管經過半個世紀的研究，專家們從死海古卷中發掘到許多珍貴的材料。但一方面因古卷浩瀚繁雜，許多經卷還有待於進一步整理和研究。

　　另一方面，發現古卷時，歷經二千多年的風雨，好多都已支離破碎，現在學者還在竭盡全力地拼湊和研究數以萬計的殘篇斷稿，因此，大部分死海古卷中的內容至今尚未公佈。

　　那麼，死海古卷裡面到底有多少祕密呢？死海古卷的全部祕密什麼時候才能公諸於世？目前，這一切都是未知數。

06 克里斯皮神父的寶藏

在厄瓜多爾的昆卡市，有座名著名的「瑪利亞
·奧克斯雅朵娜」教堂。教堂裡的神父——
卡洛·克里斯皮非常受當地人尊敬。在長達五十年的歲
月中，這位神父盡其所能，竭盡全力來幫助和照顧當地
的印第安人，並贏得他們的信任和愛戴。後來印第安人
把很多祖輩珍藏的藝術珍寶作為禮品送給神父。

印第安人贈送的珍品被神父放在教堂的後院裡。存
放在三個房屋，包括石碑、石柱、黃金、白銀、青銅、
黃銅等多種製品。德國記者馮·丹尼肯參觀了神父的收
藏，發現其中有好多鮮為人知、神祕莫測的古代印第安
人的文化遺物。例如，有個52公分高的黃金雕像，按正

常人的比例製作，但奇怪的是，它的手指和腳趾各有四個指頭。這是怎麼回事？沒有人能解。唯一的線索是，蒂瓦納科太陽門上的「飛神」石雕也是四個手指，而在當地印第安人中，也流傳著關於來自外星的女神「俄雅娜」的傳說，這位「俄雅娜」女神，也是只有四個手指。

另一個使人困惑的物品是個實心黃金球，它鑲著寬邊，並閃耀著神祕的光芒。有人認為，球體在遠古時代就是空中交通工具的形式，而這個金球是宇宙飛船或者空間站理想的模型。令人不可思議的是，這個黃金球的底模竟出現在離厄瓜多爾1.2萬公里的土耳其，它現在保存在伊斯坦布爾土耳其博物館裡。

還有塊長50公分、高14公分、寬4公分厚的黃金板，在碑上的56個正方形中壓印著56個不同的符號，直到今天無人能夠辨認。有人認為這塊板的製作者掌握著一種由56個符號組成的密碼，或者是一種字母表，或者是一種更有價值的文字。然而到目前為止，人們普遍認為在南美洲從未有過類似的文字。卻有一位梵文教授認出其中一些是古代印度婆羅門的文字，可是為什麼在厄瓜多爾的高原上會出現古老的印度婆羅門文字呢？

還有個刻著金字塔的黃金板，在它的兩側有兩頭美

洲豹在往上爬，兩條蛇盤在上方的天空，黃金板的底部兩側各有一頭大象。然而古生物學家告訴我們，早在公元前2萬年大象就已在南美滅絕，而公元前1.2萬年印第安人才進入美洲。那麼，這些大象是怎麼被刻在黃金板上的呢？

在厄瓜多爾的高原上出現古老的印度婆羅門文字？在黃金板上，還有刻有金字塔和大象？可見，在神父收藏的印第安文物珍品中，到處都有著神祕的疑團。所有這些藝術品到底是印第安人的祖傳珍寶，還是後人偽造的贗品？

丹尼肯認為，這些藝術品大部分是古代印第安人的祕密寶藏，因為這些古代文物不僅人物面貌等各方面與眾不同，而且藝術風格也不同於已知的任何藝術流派。

神父曾親自對人說過：「印第安人送給我的所有東西都是出自於紀元前，大部分黃金標記和史前描述比大洪水時期還早。」這樣一位被當地人譽為活聖人的神職人員，他的話應該是可信的，但這些文物珍品種種令人不可理解之處，又該怎樣解釋呢？

07 聖物金燈台

「金燈台」又稱「摩西燈台」，舊約《出埃及記》對這個燈台作了詳細的描述，它是用純金製成，形狀像一株很規則並有七根枝幹的樹。從主幹上分出六個枝杈——每邊各有三枝。

每一個枝杈都有三片扁桃狀的花萼、一個子房、一枝花朵，花萼中插著一盞金質油燈。燈台主幹有四片這樣的花萼，第四片花萼在最頂端，用來盛橄欖油和燈芯。

「金燈台」的底座以及所有的枝杈和裝飾物都是用一整塊黃金打造，沒有焊縫。這個燈台重400公斤，都是用成色上好的純金製成，燈台還配備有金質鑷子和燈油鏟。

　　對於猶太人來說，「金燈台」是信仰之燈，是上帝七日創造世界的象徵，燈台的主幹則代表安息日。

　　可惜的是，這盞非同小可的聖燈失蹤了，猶太人還能不能找回他們的信仰之燈？失蹤的聖燈有沒有給後人留下什麼重要線索呢？

　　在「永恆之城」的中心，在古羅馬廣場的廢墟上矗立著狄度皇帝的凱旋門。這座凱旋門完好地保存到今天，從它的浮雕上可以看到羅馬軍團的赫赫戰功。軍團的兵士們頭戴勝利者的桂冠，手舉寫有戰敗城市名稱的標牌，其中一個標牌上寫著「耶路撒冷」。

　　大理石詳細地記錄著公元前70年「神聖的狄度即神聖的韋斯巴薌之子」駕著鍍金馬車榮歸羅馬的情形。這位勝利者身後跟著一隊隊俘虜，他們拉著一車車從耶路撒冷第二殿堂掠獲的財物、器皿、銀製軍號。在不計其數的戰利品當中，有一件猶太人的聖器──「金燈台」。

　　這事就要從兩千多年之前說起，當時巴勒斯坦在敘利亞皇帝葉皮凡‧安提奧克四世統治之下。希臘人試圖迫使猶太人放棄自己的信仰，要求他們信仰希臘人的多神教。安提奧克四世下令將耶路撒冷第一殿堂，改作奧林波斯的宙斯神殿。

　　但是，猶太人並沒有屈服，他們在馬卡貝烏斯‧猶大的領導下與安提奧克的軍隊戰鬥了三年。猶太人剛剛取得勝利，就收復了耶路撒冷殿堂，清除殿堂裡的多神教偶像和器物，毀掉被玷污的祭壇，建造新的祭壇。

　　當馬卡貝烏斯的兵士們清掃殿堂時，他們發現只剩下一小罐聖油。這個油罐是以前的神職人員偷偷藏起來的，但罐裡的橄欖油所剩無多，只夠約櫃前的聖燈點燃一天。

　　奇怪的是，幾天幾夜過去了，聖燈依然亮著。聖燈不需要油仍然能夠燃燒的奇蹟，一直堅持到神職人員收集到大量燈油。

　　於是馬卡貝烏斯‧猶大宣佈一個節日，慶祝殿堂被重新呈獻給上帝。這個節日就叫「哈努卡」，因為這個詞的意思是「獻給」。為了紀念盛聖油的罐，在八天的慶典中每一天點燃一支蠟燭或一個燈芯，從一支蠟燭開始，以後每天增加一支。

　　到了公元534年，「金燈台」被運往君士坦丁堡，然後從那裡送回耶路撒冷。這些珍寶毀於一場戰爭之中，歷史學家們推測，這件事發生在公元1204年，即第四次十字軍東侵期間。

　　「金燈台」從此無蹤無影，關於這事流傳著許多傳說。據其中一種傳說，早羅馬的時候，就有一夥惡徒把「金燈台」丟棄到台伯河渾濁的河水中。

　　另一種說法是，狄度皇帝從耶律撒冷運出的那個燈台，只不過是耶路撒冷第二殿堂中的許多燈台之一，並非摩西燈台。而真正的「金燈台」，早在耶路撒冷第一殿堂被毀之前，就被神職人員收藏起來了。

- -

　　隨著時間的推移，「金燈台」的名聲傳遍世界各地，它的圖形是以色列國家的象徵。猶太人一直相信這件聖器仍然存在，很多人都試圖尋找它。

　　這種尋找工作從翻閱檔案資料突然轉入高層政治領域。1996年1月，以色列宗教事務部部長希蒙・希特利特出訪羅馬。在他的訪問計劃中，除了會見義大利官方人士外，還包括拜訪梵蒂岡，甚至還包括教皇約翰・保羅二世的親自接見。

　　當談話進入高潮、討論到羅馬天主教教宗訪問「聖地」問題時，以色列部長突然扭轉話題。希蒙・希特利特對教皇說，根據他的政府現有的資料，聞名於世的「金燈

台」並未遺失，而是祕藏於梵蒂岡的地下室裡，並且說：「歸還這件聖器，或者只是查明它的下落，對於以色列人民和天主教界的關係具有十分重大的意義。」接下去，部長補充說，以色列政府是依據佛羅倫薩大學的專家們所做出的結論和研究結果，提出自己的建議的。

　　約翰·保羅二世平心靜氣的聽完了以色列部長慷慨激昂的陳詞，似乎並沒有一口回絕他的請求。根據希蒙·希特利特的看法，這有可能意味著「信仰之燈」就藏在教皇城邦青銅大門內的某個地方。猶太教的信徒們都期盼著能早日重新見到「金燈台」。

08 猶太人寶藏

歐洲人有句口頭禪：「世界的財富在猶太人的口袋裡，猶太人的財富在他們的腦袋裡。」猶太人的善於經商和富有是舉世公認的。猶太人還是有名的節儉民族，他們幾乎家家都存有大批的財富。隨著法西斯對猶太人的大屠殺，猶太人世世代代累積的財富被德國人搜掠一空。

「二戰」結束後，被納粹德國掠奪走的猶太人的黃金、珠寶、錢財和藝術品的去向，成為人們關注的對象。不論是國際猶太人組織、有關國家政府、尋寶者、探險家還是遇難者的後人，都懷著各自不同的目的，關注著這筆珍寶的下落。

　　不久前，一位不願意透露姓名的神祕的男子走進希臘雅典猶太人總部。到總部之後，他指名道姓的說要見負責人康斯坦丁尼。並且說，假如他們不能滿足他的要求，他什麼都不會說。

　　在總部人員的帶領下，他見到了康斯坦丁尼。他告訴康斯坦丁尼，他可以協助總部找到一批被德國法西斯沉入希臘海域的猶太人的寶藏，這批寶藏總價值高達十多億美元。聽完這個人的訴說，康斯坦丁尼決定資助他的打撈行動。

　　這個神祕人怎麼能憑幾句話，就輕易說服康斯坦丁尼呢？原來在這個神祕男人的背後有一段傳奇般的故事。

　　1957年，神祕男人因為犯重罪被判入獄，湊巧與納粹劊子手默登關在希臘同一家牢房裡。他發現默登沒事的時候，總是一個人在地上用手指畫個不停，還自言自語地計算著什麼。默登這種奇怪的舉動很快引起了他的好奇，但無論他怎麼問，默登就是一聲不吭。後來，他想盡一切辦法，終於得到了默登的信任。原來默登在牢房裡日夜琢磨的是一筆猶太人的價值十多億美元的巨大寶藏。

　　這個神祕男子再也坐不住了，他日夜和默登在一起

商議怎樣能盡快出獄，怎樣把那筆寶藏弄到手。最後默登在地上給他畫了一幅藏寶地圖。

聽完他的訴說，康斯坦丁尼不由大吃一驚。因為在不久前，原來被希臘軍事法庭判處25年勞役的默登，卻以不充分的理由神祕獲釋，更為離奇的是德國有關方面竟然派來專機把他接回了德國。

康斯坦丁尼馬上想到，默登是當年納粹入侵希臘後執行屠殺希臘人的最高官員，他的主要職責就是集中「解決」希臘港口城市的猶太人。像奧斯維辛集中營的猶太人一樣，在希臘的德國人在處決每一個猶太人前，先要拿來他們厚厚的錢包、行李箱、摘下他們的珠寶、戒指、寶石、項鍊、耳環、金牙和各種裝飾。那時候，每天納粹總部都會收到像小山一樣的猶太人的珠寶和錢財。整個希臘，只有3％富有的猶太人僥倖逃過了納粹的魔掌。

康斯坦丁尼心想，難怪戰爭結束後，這批價值十多億的財寶下落不明，難怪希臘政府曾多次搜尋始終一無所獲。難道德國人急著使他「獲釋」，是想搶先一步得到這批猶太人的寶藏嗎？

但他轉而又想，據後來逮捕的納粹戰犯說，凡是和

默登在一起共事的人都知道，此人向來獨斷專行，貪得無厭，以他獨裁的作風。應該已把財物私自收藏起來據為己有。

這個神祕陌生人的話可信嗎？康斯坦丁尼在心裡反覆琢磨著這件事，他也不敢對此事輕易做出判斷。

神祕男人走後，康斯坦丁尼馬上向頂頭上司做了匯報。他說：「我感到此人所說的一切似乎有些不可思議，但我必須承認他所提供的一切資料，例如該批寶藏的具體描述，以及默登個人鮮為人知的一些嗜好和日常舉動，可信度非常高。只有和他常年在一起的人才會瞭解得這麼清楚。因此，我決定依照他的指示進行打撈。」他的上司表示完全支持他的一切想法。

康斯坦丁尼制定了一系列計劃，申請了一筆尋寶的經費，並很快把這些計劃付諸為行動。然而，他們還沒來得及組織尋寶隊的人馬。神祕男人卻因犯欺詐罪再次入獄。

在這種情況下，歐洲開始了第一次遙控「尋寶」，神祕男人在監獄裡，透過必要的通信設備向尋寶隊提供地點和準確的資料。按照神祕男人提供的資料，那個埋藏著猶太人巨寶的地點應該在希臘中南部的卡拉邁海

域。於是，整個打撈行動將完全聽命於他的「遙控」，正因為這是一次遙控指揮，使尋寶行動增添了幾分傳奇色彩，所以一時間吸引了世界各地的尋寶者的好奇。

根據當初神祕男人與康斯坦丁尼簽訂的協議，假如這次尋寶行動一旦成功，那麼這十多億美元的寶藏將先分成兩半，一半歸希臘政府所有，一半由當地猶太人的組織與這個神祕男子平分。那麼，這批財寶是否能夠找到呢？人們都在拭目以待。

永續圖書
線上購物網

www.foreverbooks.com.tw

◆ 加入會員即享活動及會員折扣。

◆ 每月均有優惠活動，期期不同。

◆ 新加入會員三天內訂購書籍不限本數金額，
  即贈送精選書籍一本。（依網站標示為主）

專業圖書發行、書局經銷、圖書出版

永續圖書總代理：

五觀藝術出版社、培育文化、棋茵出版社、犬拓文化、讀
品文化、雅典文化、知音人文化、手藝家出版社、璞申文
化、智學堂文化、語言鳥文化

活動期內，永續圖書將保留變更或終止該活動之權利及最終決定權。

2 2 1 - 0 3
新北市汐止區大同路三段194號9樓之

傳真電話：（02）8647-3660
E-mail：yungjiuh@ms45.hinet.net

培育

文化事業有限公司

那些被神遺忘的神祕寶藏

培養文化育智心靈的好選擇